APRENDA SQL

Dos Fundamentos às Aplicações Práticas

Diego Rodrigues

APRENDA SQL
Dos Fundamentos às Aplicações Práticas

Edição 2025
Autor: Diego Rodrigues

Nota Importante

Os códigos e scripts apresentados neste livro têm como principal objetivo ilustrar, de forma prática, os conceitos discutidos ao longo dos capítulos. Foram desenvolvidos para demonstrar aplicações didáticas em ambientes controlados, podendo, portanto, exigir adaptações para funcionar corretamente em contextos distintos. É responsabilidade do leitor validar as configurações específicas do seu ambiente de desenvolvimento antes da implementação prática.

Mais do que fornecer soluções prontas, este livro busca incentivar uma compreensão sólida dos fundamentos abordados, promovendo o pensamento crítico e a autonomia técnica. Os exemplos apresentados devem ser vistos como pontos de partida para que o leitor desenvolva suas próprias soluções, originais e adaptadas às demandas reais de sua carreira ou projetos. A verdadeira competência técnica surge da capacidade de internalizar os princípios essenciais e aplicá-los de forma criativa, estratégica e transformadora.

Estimulamos, portanto, que cada leitor vá além da simples reprodução dos exemplos, utilizando este conteúdo como base para construir códigos e scripts com identidade própria, capazes de gerar impacto significativo em sua trajetória profissional. Esse é o espírito do conhecimento aplicado: aprender profundamente para inovar com propósito.

Agradecemos pela confiança e desejamos uma jornada de estudo produtiva e inspiradora.

ÍNDICE

SAUDAÇÕES!

Olá, caro leitor!

É com imenso prazer que dou as boas-vindas a você, que decidiu embarcar nesta jornada fascinante pelo universo do SQL, a linguagem universal para gerenciamento e manipulação de dados. Sua escolha de explorar este tema crucial demonstra um comprometimento notável com o avanço de suas habilidades técnicas e a busca por ferramentas que transformam informações em valor estratégico.

O SQL é mais do que apenas uma linguagem de consulta. Ele é a espinha dorsal de sistemas de banco de dados que sustentam desde pequenas aplicações locais até as maiores plataformas de tecnologia do mundo. Com SQL, você não apenas gerencia dados; você desbloqueia insights, organiza informações de forma eficiente e potencializa processos em ambientes que exigem precisão e escalabilidade.

Neste livro, você encontrará um caminho claro e progressivo que vai desde os conceitos mais fundamentais até aplicações práticas em cenários complexos e desafiadores. Nossa abordagem combina teoria e prática para garantir que você não apenas compreenda os princípios do SQL, mas também desenvolva a confiança necessária para aplicá-los em situações reais.

Não importa se você é um iniciante curioso, um desenvolvedor buscando expandir seu repertório técnico ou um profissional experiente querendo aprimorar sua eficiência no trabalho com dados. Este livro foi cuidadosamente estruturado para atender a todos os níveis de experiência. Cada capítulo foi projetado com atenção ao detalhe, garantindo que você absorva o conteúdo de maneira prática e impactante, enquanto explora técnicas que realmente fazem a diferença.

Vivemos em um mundo onde os dados são considerados o novo petróleo, e o domínio do SQL é uma habilidade indispensável para qualquer profissional que deseja prosperar nesse cenário. Seja em aplicações de análise de dados, desenvolvimento de sistemas ou ciência de dados, o SQL é uma constante que atravessa indústrias e disciplinas.

Este livro foi criado para ser mais do que um guia técnico; ele é um recurso essencial para preencher lacunas editoriais, trazer conhecimento atualizado e fortalecer a base de profissionais em um mercado em constante evolução. A cada página, você encontrará desafios instigantes, explicações claras e exemplos práticos que tornam o aprendizado acessível e inspirador.

Prepare-se para mergulhar em uma experiência didática única, onde você aprenderá a estruturar, consultar, manipular e otimizar bancos de dados com precisão e criatividade. Juntos, vamos explorar as infinitas possibilidades que o SQL oferece e equipar você com as ferramentas necessárias para se destacar em sua carreira ou projetos pessoais.

Então, está pronto para transformar a maneira como trabalha com dados e dominar uma das competências mais valiosas da atualidade? Vamos começar!

SOBRE O AUTOR

Diego Rodrigues

Autor Técnico e Pesquisador Independente

ORCID: https://orcid.org/0009-0006-2178-634X

StudioD21 Smart Tech Content & Intell Systems

E-mail: studiod21portoalegre@gmail.com

LinkedIn: www.linkedin.com/in/diegoxpertai

Autor técnico internacional (*tech writer*) com foco em produção estruturada de conhecimento aplicado. É fundador da StudioD21 Smart Tech Content & Intell Systems, onde lidera a criação de frameworks inteligentes e a publicação de livros técnicos didáticos e com suporte por inteligência artificial, como as séries Kali Linux Extreme, SMARTBOOKS D21, entre outras.

Detentor de 42 certificações internacionais emitidas por instituições como IBM, Google, Microsoft, AWS, Cisco, META, Ec-Council, Palo Alto e Universidade de Boston, atua nos campos de Inteligência Artificial, Machine Learning, Ciência de Dados, Big Data, Blockchain, Tecnologias de Conectividade, Ethical Hacking e Threat Intelligence.

Desde 2003, desenvolveu mais de 200 projetos técnicos para marcas no Brasil, EUA e México. Em 2024, consolidou-se como um dos maiores autores de livros técnicos da nova geração, com mais de 180 títulos publicados em seis idiomas. Seu trabalho tem como base o protocolo próprio de escrita técnica aplicada TECHWRITE 2.2, voltado à escalabilidade, precisão conceitual e aplicabilidade prática em ambientes profissionais.

APRESENTAÇÃO DO LIVRO

É com grande entusiasmo que apresento a você este guia completo sobre SQL, a linguagem universal para o gerenciamento e manipulação de dados. Em um mundo cada vez mais movido por informações, o SQL se destaca como uma ferramenta indispensável, permitindo transformar dados brutos em insights valiosos e decisões estratégicas. Este livro foi cuidadosamente projetado para ser o seu melhor recurso no aprendizado e no domínio desta habilidade essencial.

O SQL não é apenas mais uma linguagem de programação. Ele é a base para a operação de bancos de dados relacionais que sustentam desde pequenos projetos pessoais até as infraestruturas de gigantes globais como Google, Facebook e Amazon. Ao dominar o SQL, você estará capacitado a explorar e aproveitar o poder dos dados em qualquer área de atuação, seja ela tecnologia, finanças, marketing, saúde ou educação.

Este livro foi estruturado para oferecer uma abordagem didática que combina fundamentos sólidos, técnicas avançadas e aplicações práticas. Nosso objetivo é conduzi-lo, passo a passo, por uma jornada de aprendizado clara e enriquecedora, cobrindo desde os conceitos básicos até as práticas mais complexas e relevantes para o mercado.

Seja você um iniciante que está apenas começando sua jornada ou um profissional experiente em busca de aperfeiçoamento, este guia foi feito para você. Cada capítulo foi projetado com o equilíbrio ideal entre simplicidade e profundidade, garantindo que o aprendizado seja acessível, eficiente e impactante.

Visão Geral de Cada Capítulo

Capítulo 1. A Linguagem do Gerenciamento de Dados

Neste capítulo, você descobrirá o que é SQL, por que ele é tão importante e como se tornou o padrão mundial para o gerenciamento de dados. Exploraremos sua história, evolução e impacto em diversas indústrias.

Capítulo 2. Ambientes e Ferramentas para SQL

Aqui, apresentaremos os principais sistemas de gerenciamento de bancos de dados, como MySQL, PostgreSQL e SQL Server. Você aprenderá a configurar seu ambiente de trabalho e estará pronto para começar a praticar.

Capítulo 3. Conceitos Fundamentais de Bancos de Dados

Este capítulo mergulha nos conceitos básicos de bancos de dados relacionais, como tabelas, esquemas e chaves primárias. Essas noções são essenciais para construir uma base sólida.

Capítulo 4. Comandos Básicos do SQL

Você aprenderá os comandos essenciais para manipular dados: SELECT, INSERT, UPDATE e DELETE. Exercícios práticos ajudarão a fixar esses conceitos fundamentais.

Capítulo 5. Filtrando e Ordenando Dados

Neste capítulo, abordaremos como usar filtros, operadores lógicos e ordenação para criar consultas mais precisas e organizadas. Este é um passo crucial para extrair informações relevantes de grandes volumes de dados.

Capítulo 6. Trabalhando com Múltiplas Tabelas

Exploraremos as junções (JOINs) e outras técnicas para trabalhar com dados distribuídos em várias tabelas. Você aprenderá a integrar informações de maneira eficiente.

Capítulo 7. Estruturando Dados: Criação e Alteração

Este capítulo introduz os comandos DDL (Data Definition Language) e ensina como criar, alterar e excluir tabelas de maneira estratégica para atender às suas necessidades de dados.

Capítulo 8. Funções de Agregação e Análise de Dados

Aprenda a usar funções como SUM, AVG, MAX e COUNT para realizar cálculos e análises diretamente nas consultas SQL. Este capítulo é essencial para trabalhar com relatórios e dashboards.

Capítulo 9. Transformação de Dados com Funções Avançadas
Você descobrirá como manipular strings, datas e números em SQL para criar consultas mais dinâmicas e poderosas.

Capítulo 10. Automatização com Stored Procedures e Triggers
Este capítulo aborda como automatizar processos com procedimentos armazenados e gatilhos, aumentando a eficiência e a confiabilidade do banco de dados.

Capítulo 11. Segurança e Controle de Acesso
Aprenda as melhores práticas para proteger seus dados e gerenciar permissões de usuários, garantindo a integridade e a confidencialidade das informações.

Capítulo 12. Backup e Recuperação de Dados
Neste capítulo, discutiremos estratégias de backup e recuperação para proteger suas informações contra falhas ou perdas inesperadas.

Capítulo 13. Otimizando Consultas para Melhor Desempenho
Você aprenderá técnicas para otimizar consultas SQL, usar índices de maneira eficiente e identificar gargalos de desempenho.

Capítulo 14. SQL em Ambientes Multiplataforma
Descubra como integrar SQL com linguagens de programação, APIs e frameworks populares, ampliando as possibilidades de uso em diferentes plataformas.

Capítulo 15. Dados Temporais e Históricos
Este capítulo aborda consultas avançadas para trabalhar com dados temporais e históricos, permitindo análises de tendências e previsões.

Capítulo 16. Processamento de Big Data com SQL
Aprenda como o SQL é usado em plataformas de Big Data como

Hive e Spark, enfrentando os desafios de trabalhar com grandes volumes de dados.

Capítulo 17. Gerenciando Dados Geoespaciais

Neste capítulo, exploramos como trabalhar com dados geoespaciais e realizar consultas relacionadas a mapas e geolocalização.

Capítulo 18. Estudos de Caso: Resolvendo Problemas com SQL

Analisaremos casos reais onde o SQL foi usado para solucionar desafios complexos em diferentes indústrias, como saúde e finanças.

Capítulo 19. Construindo Projetos do Mundo Real

Você terá a oportunidade de trabalhar em projetos práticos, como sistemas de inventário e aplicações de comércio eletrônico, consolidando todo o conhecimento adquirido.

Capítulo 20. Preparação para Entrevistas e Certificações

Descubra como se preparar para entrevistas técnicas e certificações reconhecidas, com simulados e dicas de especialistas.

Capítulo 21. Resolução de Problemas Avançados

Este capítulo oferece soluções para problemas complexos e ensina como diagnosticar e corrigir erros comuns.

Capítulo 22. Automatizando Processos com SQL

Explore como integrar SQL em pipelines de automação, utilizando ferramentas modernas para otimizar fluxos de trabalho.

Capítulo 23. Inovação e Futuro do SQL

Discutiremos as tendências mais recentes em SQL e sua relevância contínua em um mundo movido por dados.

Capítulo 24. Reflexões e Tendências Globais

Este capítulo aborda o impacto do SQL em diferentes setores e sua contribuição para a evolução da tecnologia.

Capítulo 25. Dicas e Estratégias para Dominar SQL

Encerramos com estratégias para aprimorar seu domínio da linguagem e recursos para continuar sua jornada de aprendizado.

Com este livro, meu objetivo é oferecer a você não apenas um guia técnico, mas também uma fonte confiável de aprendizado e inspiração. Independentemente de sua experiência, o conteúdo foi projetado para ser acessível, instigante e, acima de tudo, útil.

Estou confiante de que ao explorar os capítulos, você não apenas dominará SQL, mas também expandirá sua visão sobre o poder dos dados e como utilizá-los para transformar sua carreira e seus projetos.

Então, está pronto para mergulhar em um aprendizado prático, relevante e impactante? Sua jornada começa agora!

CAPÍTULO 1. A LINGUAGEM DO GERENCIAMENTO DE DADOS

SQL, acrônimo para Structured Query Language, é a linguagem padrão para gerenciar e manipular dados armazenados em bancos de dados relacionais. Projetada para ser uma interface intuitiva entre os usuários e os sistemas de gerenciamento de bancos de dados (SGBDs), ela permite criar, consultar, modificar e gerenciar dados de forma eficiente. A compreensão do SQL é fundamental para profissionais que lidam com dados, pois capacita a estruturar, acessar e transformar informações com precisão.

A Structured Query Language nasceu da necessidade de organizar e explorar volumes crescentes de informações. Com o advento da computação na década de 1970, pesquisadores da IBM desenvolveram uma linguagem que pudesse interagir diretamente com bancos de dados relacionais. Esta inovação resultou no System R, um sistema que demonstrava a viabilidade do modelo relacional. Inspirada pelo trabalho de Edgar F. Codd, que teorizou os fundamentos dos bancos de dados relacionais, a SQL foi projetada como uma solução prática para manipular grandes conjuntos de dados.

Desde sua introdução, a linguagem evoluiu significativamente. Inicialmente focada em operações simples, como consultas e inserções, ela se expandiu para incluir funcionalidades avançadas, como transações, stored procedures e controle de acesso. A padronização por organizações como ANSI e ISO garantiu sua adoção global, permitindo que diferentes sistemas de gerenciamento, como MySQL, PostgreSQL, Oracle e SQL

Server, implementassem a linguagem com alta compatibilidade.

A relevância da SQL no cenário atual está diretamente ligada à explosão do volume de dados gerados por organizações e indivíduos. Bancos de dados relacionais continuam a ser amplamente utilizados devido à sua capacidade de armazenar informações de maneira estruturada e acessível. A SQL tornou-se indispensável em áreas como análise de dados, ciência de dados, desenvolvimento de software, administração de sistemas e inteligência de negócios.

Um exemplo prático de uso da SQL pode ser visto em uma aplicação de comércio eletrônico. Considere um banco de dados que armazena informações sobre produtos, clientes e pedidos. Com a SQL, é possível realizar tarefas como listar os produtos mais vendidos, identificar clientes que compraram determinados itens ou atualizar o estoque de acordo com as vendas realizadas. Abaixo está uma consulta simples que retorna os cinco produtos mais vendidos:

sql

```
SELECT product_name, SUM(quantity) AS total_sold
FROM orders
GROUP BY product_name
ORDER BY total_sold DESC
LIMIT 5;
```

A consulta utiliza funções agregadas, como SUM, para calcular a quantidade total de produtos vendidos, organizando os resultados de forma que os itens mais vendidos apareçam primeiro. Além disso, o comando LIMIT restringe a saída a apenas cinco registros.

A importância do SQL também se reflete em seu papel na integração com outras tecnologias. Ele é amplamente utilizado em aplicações web e móveis, onde os dados são armazenados em bancos de dados e acessados dinamicamente para exibição e análise. Linguagens de programação, como Python, Java e PHP, oferecem bibliotecas e ferramentas que permitem a execução de comandos SQL diretamente no código, criando um ambiente altamente interativo.

Outro aspecto essencial do SQL é sua capacidade de lidar com a integridade e a segurança dos dados. Com comandos específicos para definir chaves primárias e estrangeiras, a linguagem assegura que as relações entre tabelas sejam mantidas de maneira consistente. Além disso, recursos como controle de acesso e permissões garantem que apenas usuários autorizados possam realizar operações específicas no banco de dados.

O SQL também é crucial em aplicações analíticas, onde grandes volumes de dados precisam ser processados rapidamente. Ferramentas como Google BigQuery e Amazon Redshift utilizam variações da SQL para permitir consultas massivas em data warehouses, otimizando o desempenho e reduzindo o tempo de análise.

A linguagem Structured Query Language é acessível para iniciantes e poderosa o suficiente para atender às demandas de analistas e engenheiros de dados. Considere um cenário em que uma equipe de marketing deseja entender o comportamento dos clientes em relação a uma campanha recente. Uma consulta pode ser projetada para identificar os clientes que interagiram mais com a campanha:

sql

```sql
SELECT customer_id, COUNT(*) AS interactions
FROM campaign_interactions
WHERE interaction_date BETWEEN '2024-01-01' AND
'2024-01-31'
GROUP BY customer_id
ORDER BY interactions DESC;
```

Extrai informações valiosas sobre o número de interações

realizadas por cada cliente durante o período especificado. Isso ajuda a equipe a identificar os clientes mais engajados, possibilitando ações direcionadas.

Ao longo das décadas, o SQL continuou a evoluir, incorporando novas funcionalidades e se adaptando às mudanças tecnológicas. Hoje, ele é fundamental tanto para sistemas tradicionais quanto para tecnologias emergentes, como big data e inteligência artificial. Sua sintaxe declarativa, que permite descrever "o que" fazer em vez de "como" fazer, é uma das razões para sua ampla adoção.

Embora alternativas, como bancos de dados NoSQL, tenham emergido, o SQL mantém sua relevância devido à robustez, padronização e flexibilidade que oferece. Sua capacidade de lidar com consultas complexas e sua integração com ferramentas modernas asseguram que continuará sendo uma peça central na gestão de dados.

A Structured Query Language não é apenas uma linguagem técnica; ela é uma habilidade que transforma dados em poder. Profissionais que dominam o SQL podem acessar, organizar e interpretar informações com eficiência, tornando-se indispensáveis em um mundo movido a dados. Seja para projetar sistemas robustos ou para analisar padrões de comportamento do consumidor, o SQL é a base para decisões informadas e estratégias bem-sucedidas.

Prepare-se para explorar as infinitas possibilidades que o SQL oferece, desde operações simples até arquiteturas sofisticadas.

CAPÍTULO 2. AMBIENTES E FERRAMENTAS PARA SQL

O uso eficaz de SQL depende de ambientes configurados corretamente e ferramentas adequadas. Bancos de dados relacionais, como MySQL, PostgreSQL e SQL Server, são pilares nessa área, oferecendo soluções robustas para armazenamento e manipulação de dados. Escolher o ambiente correto e configurá-lo adequadamente é um passo essencial para dominar o SQL e aplicar seus conhecimentos em cenários práticos.

Bancos de Dados Relacionais mais Populares

MySQL, PostgreSQL e SQL Server são os três sistemas de gerenciamento de bancos de dados relacionais (SGBDR) mais amplamente usados. Cada um deles possui características únicas que atendem a diferentes necessidades, tornando-os ferramentas indispensáveis para desenvolvedores e analistas de dados.

MySQL é conhecido por sua simplicidade, eficiência e alto desempenho. É amplamente utilizado em aplicações web devido à sua integração com linguagens como PHP e frameworks como WordPress. MySQL é uma escolha comum para pequenas e médias empresas que necessitam de uma solução confiável e de fácil uso. Sua versão comunitária, gratuita e de código aberto, é uma opção atraente para quem está começando.

PostgreSQL, frequentemente chamado de "Postgres", é celebrado por sua robustez e conformidade com os padrões SQL. Ele oferece suporte avançado a tipos de dados e operações complexas, como JSON e manipulação de dados geoespaciais. Por essas razões, é amplamente utilizado em aplicações empresariais e acadêmicas que exigem um alto grau de personalização e desempenho.

SQL Server, desenvolvido pela Microsoft, é um SGBD comercial que integra ferramentas poderosas para análise e visualização de dados. Sua interface gráfica intuitiva no SQL Server Management Studio (SSMS) e seu suporte a linguagens como .NET o tornam uma escolha popular em ambientes corporativos.

Configuração de Ambientes para Prática

Para explorar os recursos do SQL e desenvolver habilidades práticas, é essencial configurar ambientes que suportem os bancos de dados relacionais escolhidos. A seguir, são descritas as etapas para instalar e configurar os três SGBDR mencionados.

Configuração do MySQL

O primeiro passo é acessar o site oficial do MySQL e baixar o instalador adequado ao sistema operacional (Windows, macOS ou Linux). Após a instalação, é recomendável usar o MySQL Workbench, uma interface gráfica que facilita a criação e gerenciamento de bancos de dados.

sql

```
CREATE DATABASE ecommerce;
USE ecommerce;
CREATE TABLE products (
    product_id INT AUTO_INCREMENT PRIMARY KEY,
    product_name VARCHAR(100),
    price DECIMAL(10, 2)
);
```

O script cria um banco de dados chamado "ecommerce" e define uma tabela "products" com colunas para ID do produto, nome e preço. A partir desse ponto, consultas podem ser realizadas diretamente no Workbench para testar comandos básicos.

Configuração do PostgreSQL

O PostgreSQL pode ser instalado a partir de pacotes précompilados disponíveis no site oficial. Para usuários que preferem uma abordagem simplificada, a ferramenta pgAdmin fornece uma interface gráfica amigável para gerenciar bancos de dados.

sql

```sql
CREATE DATABASE ecommerce;
\c ecommerce
CREATE TABLE customers (
    customer_id SERIAL PRIMARY KEY,
    first_name VARCHAR(50),
    last_name VARCHAR(50),
    email VARCHAR(100) UNIQUE
);
```

Este comando cria um banco de dados e uma tabela para armazenar informações de clientes, incluindo um identificador único e um e-mail exclusivo. A interface do pgAdmin facilita a execução de scripts e a visualização dos resultados.

Configuração do SQL Server

Para configurar o SQL Server, o instalador oficial da Microsoft inclui o SQL Server Management Studio (SSMS), que oferece uma interface gráfica robusta para interação com bancos de dados. É necessário criar uma instância do servidor e conectar-se a ela por meio do SSMS.

sql

```sql
CREATE DATABASE SalesDB;
USE SalesDB;
CREATE TABLE Orders (
    OrderID INT IDENTITY PRIMARY KEY,
```

```
CustomerName NVARCHAR(100),
OrderDate DATE,
TotalAmount DECIMAL(10, 2)
);
```

O script configura um banco de dados "SalesDB" e uma tabela "Orders" que pode ser usada para registrar pedidos de vendas.

Trabalhando com Múltiplas Plataformas

Configurar um ambiente de prática em múltiplas plataformas é uma maneira eficaz de ampliar sua compreensão do SQL e sua aplicação. Ferramentas como Docker permitem criar contêineres que hospedam diferentes bancos de dados, facilitando a transição entre MySQL, PostgreSQL e SQL Server.

Com o Docker, você pode iniciar um banco de dados MySQL com o seguinte comando:

bash

```bash
docker run --name mysql-practice -e
MYSQL_ROOT_PASSWORD=root -d mysql:latest
```

Da mesma forma, para PostgreSQL:

bash

```bash
docker run --name postgres-practice -e
POSTGRES_PASSWORD=root -d postgres:latest
```

E para SQL Server:

bash

```bash
docker run --name sqlserver-practice -e 'ACCEPT_EULA=Y' -
e 'SA_PASSWORD=YourStrong@Passw0rd' -p 1433:1433 -d
mcr.microsoft.com/mssql/server:latest
```

Os contêineres são uma maneira eficiente de praticar e explorar os recursos de cada banco de dados sem a necessidade de configurações complexas no sistema operacional.

Comparação entre os Bancos de Dados

Embora MySQL, PostgreSQL e SQL Server compartilhem a mesma base relacional, suas implementações possuem diferenças que podem influenciar na escolha de qual utilizar. MySQL é leve e fácil de usar, sendo ideal para iniciantes e aplicações menores. PostgreSQL oferece mais recursos avançados e personalização, sendo preferido em projetos de maior escala. SQL Server, com suas ferramentas integradas e suporte corporativo, é uma excelente escolha para grandes organizações.

Exploração Prática e Aprendizado

Depois de configurar o ambiente, é fundamental realizar práticas constantes para solidificar o conhecimento. Criar bancos de dados reais e simular cenários do mundo corporativo ajuda a desenvolver uma compreensão profunda e aplicável. Por exemplo, construir um sistema simples de gerenciamento de estoque pode englobar operações como criação de tabelas, inserção de dados, consultas e atualizações:

sql

```sql
INSERT INTO products (product_name, price)
VALUES ('Laptop', 1500.00), ('Smartphone', 800.00),
('Headphones', 50.00);

SELECT * FROM products;

UPDATE products
SET price = price * 1.10
WHERE product_name = 'Smartphone';
```

Tais operações abrangem desde a inserção inicial de dados até sua manipulação, como aumento de preços com base em critérios específicos.

Ao se familiarizar com os comandos básicos, é recomendável experimentar recursos mais avançados, como a criação de índices para melhorar o desempenho das consultas:

sql

```
CREATE INDEX idx_product_name ON products
(product_name);
```

Tal prática introduz o conceito de otimização de consultas, um aspecto essencial em projetos reais.

Adaptação ao Mercado

Profissionais que dominam os três SGBDR discutidos têm uma vantagem significativa no mercado de trabalho. Conhecer as diferenças e similaridades entre eles permite que você se adapte rapidamente às exigências de diferentes ambientes corporativos, tornando-se um recurso valioso em equipes técnicas.

A escolha e configuração do ambiente de prática são passos essenciais no aprendizado de SQL. Cada banco de dados possui características distintas que atendem a diferentes necessidades, e a prática com múltiplas plataformas amplia a versatilidade do profissional. Dominar as ferramentas apresentadas neste capítulo é a base para explorar o poder do SQL em todas as suas aplicações.

CAPÍTULO 3. CONCEITOS FUNDAMENTAIS DE BANCOS DE DADOS

Um banco de dados relacional é um sistema organizado para armazenar e gerenciar dados de maneira estruturada, utilizando tabelas como elementos centrais. Ele segue o modelo relacional, que organiza informações em tabelas compostas por linhas e colunas. Cada tabela representa uma entidade, e as relações entre essas tabelas permitem que os dados sejam associados de forma eficiente e lógica. Esse formato é amplamente adotado por sua flexibilidade, precisão e capacidade de garantir a integridade dos dados.

A estrutura de um banco de dados relacional é composta por elementos essenciais: tabelas, esquemas e relações. Cada um desempenha um papel crucial na organização e no gerenciamento de dados.

Tabelas

Uma tabela é a base de um banco de dados relacional, representando uma entidade ou objeto do mundo real. Ela é composta por linhas, conhecidas como registros, e colunas, chamadas de atributos. Cada coluna possui um tipo de dado específico, como texto, número ou data, garantindo consistência e precisão. Por exemplo, uma tabela chamada "customers" pode armazenar informações sobre clientes, com colunas como "customer_id", "name", "email" e "phone".

sql

```sql
CREATE TABLE customers (
    customer_id INT PRIMARY KEY,
    name VARCHAR(100),
    email VARCHAR(100) UNIQUE,
    phone VARCHAR(15)
);
```

Cria uma tabela que define cada cliente de forma única por meio da coluna "customer_id", com o email como um campo exclusivo para evitar duplicações.

Esquemas

O esquema é o plano organizacional do banco de dados, definindo a estrutura das tabelas, suas colunas e os tipos de dados. Ele também especifica as relações entre as tabelas, garantindo que os dados sejam organizados de maneira lógica e consistente. Um esquema bem planejado facilita a consulta e a manipulação de dados, além de melhorar o desempenho geral do sistema.

No caso de um sistema de e-commerce, um esquema pode incluir tabelas como "products", "orders" e "customers", interconectadas por identificadores únicos. O relacionamento entre as tabelas é representado por chaves primárias e estrangeiras.

sql

```sql
CREATE TABLE orders (
    order_id INT PRIMARY KEY,
    customer_id INT,
    order_date DATE,
    total_amount DECIMAL(10, 2),
    FOREIGN KEY (customer_id) REFERENCES
customers(customer_id)
);
```

A tabela "orders" está vinculada à tabela "customers" pela coluna "customer_id", permitindo rastrear os pedidos de cada cliente.

Relações

As relações em um banco de dados relacional conectam tabelas por meio de chaves primárias e estrangeiras. A chave primária identifica exclusivamente cada registro em uma tabela, enquanto a chave estrangeira cria um vínculo entre tabelas diferentes, garantindo a integridade referencial. Esse sistema permite consultas complexas e a integração de dados de várias tabelas.

Por exemplo, para listar todos os pedidos feitos por um cliente específico, uma consulta SQL pode combinar dados das tabelas "customers" e "orders":

sql

```sql
SELECT customers.name, orders.order_id, orders.order_date, orders.total_amount
FROM customers
JOIN orders ON customers.customer_id = orders.customer_id
WHERE customers.name = 'John Doe';
```

A consulta retorna os pedidos do cliente "John Doe", utilizando a relação entre as tabelas para unir os dados relevantes.

Normalização

A normalização é um processo de organização de dados em um banco de dados relacional para reduzir redundâncias e melhorar a integridade. Ela é realizada dividindo os dados em tabelas menores e definindo relacionamentos claros entre elas. O objetivo é minimizar a duplicação de dados e evitar anomalias, como inconsistências ou atualizações problemáticas.

A normalização é dividida em formas normais, cada uma com regras específicas para organizar os dados. A primeira forma normal (1NF) garante que todas as colunas de uma tabela contenham valores atômicos e únicos. Por exemplo, uma tabela com múltiplos valores em uma única célula pode ser reestruturada para atender à 1NF.

Uma tabela inicial:

OrderID	Products
1	Laptop, Mouse
2	Smartphone, Case

Após a normalização, os dados podem ser reorganizados:

OrderID	Product
1	Laptop
1	Mouse
2	Smartphone
2	Case

A segunda forma normal (2NF) elimina dependências parciais, garantindo que todas as colunas dependam exclusivamente da chave primária. A terceira forma normal (3NF) remove dependências transitivas, ou seja, uma coluna não deve depender de outra que não seja a chave primária.

Anomalias de Dados

A falta de normalização pode levar a anomalias de dados, que comprometem a eficiência e a consistência do banco de dados. Existem três tipos principais de anomalias:

- **Anomalia de inserção:** Ocorre quando não é possível adicionar novos dados sem informações complementares. Por exemplo, em uma tabela que combina informações de clientes e pedidos, não seria possível adicionar um cliente sem criar um pedido associado.

- **Anomalia de exclusão:** Surge quando a exclusão de um registro resulta na perda de informações importantes. Se um pedido for removido em uma tabela que armazena clientes e pedidos, os dados do cliente também podem ser perdidos.

- **Anomalia de atualização:** Acontece quando uma alteração precisa ser feita em múltiplos registros, aumentando o risco de inconsistências. Se o endereço de um cliente estiver duplicado em várias linhas, atualizar apenas uma linha resultará em dados conflitantes.

Exemplo prático de normalização:

Considere uma tabela que armazena informações de pedidos e clientes:

OrderID	CustomerName	Product	Price
1	John Doe	Laptop	1500
2	John Doe	Smartphone	800
3	Jane Smith	Tablet	400

A tabela apresenta redundâncias, pois o nome do cliente é repetido. Para normalizar, os dados podem ser divididos em duas tabelas:

Tabela de clientes:

CustomerID	CustomerName
1	John Doe

2   Jane Smith

Tabela de pedidos:

OrderID	CustomerID	Product	Price
1	1	Laptop	1500
2	1	Smartphone	800
3	2	Tablet	400

Essa estrutura elimina redundâncias e facilita a manutenção dos dados.

Vantagens dos bancos de dados relacionais

Os bancos de dados relacionais oferecem várias vantagens, incluindo:

- **Integridade dos dados:** Garantida por chaves primárias e estrangeiras, que evitam inconsistências.

- **Flexibilidade:** Possibilita consultas complexas para análise e manipulação de dados.

- **Escalabilidade:** Atende a pequenas aplicações e grandes sistemas empresariais.

- **Padronização:** O uso do SQL torna os bancos relacionais acessíveis e amplamente compatíveis.

A compreensão das estruturas fundamentais, como tabelas, esquemas e relações, juntamente com os princípios de normalização, é essencial para projetar e gerenciar bancos de dados eficientes. Tais bases sólidas capacitam desenvolvedores e analistas a maximizar o valor dos dados, evitando problemas comuns e otimizando a integridade e o desempenho do sistema.

CAPÍTULO 4. COMANDOS BÁSICOS DO SQL

SQL é uma linguagem robusta projetada para gerenciar dados de maneira eficiente e estruturada. Entre os comandos mais importantes estão SELECT, INSERT, UPDATE e DELETE, que formam a base para manipulação e consulta de dados em qualquer banco de dados relacional. Combinados com a criação de tabelas e práticas eficazes de manipulação inicial de dados, esses comandos permitem a organização e o uso inteligente das informações armazenadas.

Comando SELECT

O comando SELECT é usado para recuperar dados de tabelas. Ele permite especificar quais colunas exibir, quais linhas selecionar e como organizar os resultados. Para listar todos os dados de uma tabela, o caractere curinga (*) pode ser usado:

sql

```
SELECT * FROM employees;
```

O comando retorna todos os registros e colunas da tabela "employees". Para selecionar colunas específicas, os nomes das colunas podem ser usados:

sql

```
SELECT first_name, last_name, salary FROM employees;
```

Além disso, é possível adicionar filtros com a cláusula WHERE para buscar registros específicos. Por exemplo, para encontrar funcionários que ganham mais de 5000:

sql

```sql
SELECT first_name, last_name, salary
FROM employees
WHERE salary > 5000;
```

Ordenar os resultados é útil para melhorar a legibilidade. A cláusula ORDER BY organiza os dados em ordem ascendente (padrão) ou descendente:

sql

```sql
SELECT first_name, last_name, salary
FROM employees
WHERE salary > 5000
ORDER BY salary DESC;
```

A cláusula GROUP BY permite agrupar dados, sendo frequentemente combinada com funções agregadas, como COUNT, AVG e SUM. Para contar o número de funcionários por departamento:

sql

```sql
SELECT department_id, COUNT(*) AS employee_count
FROM employees
GROUP BY department_id;
```

Comando INSERT

O comando INSERT adiciona novos registros a uma tabela. Ele exige que os valores fornecidos correspondam às colunas da tabela, tanto em ordem quanto em tipo de dado. Para adicionar um único funcionário à tabela "employees":

sql

```
INSERT INTO employees (first_name, last_name,
department_id, salary)
VALUES ('Jane', 'Doe', 101, 4500);
```

É possível inserir múltiplos registros de uma vez, separando os valores por vírgulas:

sql

```
INSERT INTO employees (first_name, last_name,
department_id, salary)
VALUES
('John', 'Smith', 102, 5500),
('Alice', 'Johnson', 103, 6000),
('Robert', 'Brown', 101, 4800);
```

Caso a tabela permita valores padrão ou campos opcionais, é possível omitir as colunas correspondentes. Por exemplo, se "hire_date" possui um valor padrão definido:

sql

```
INSERT INTO employees (first_name, last_name, salary)
VALUES ('Emma', 'Davis', 5200);
```

Comando UPDATE

O comando UPDATE modifica dados existentes em uma tabela. Ele utiliza a cláusula SET para definir os novos valores e WHERE para especificar quais registros devem ser alterados. Para aumentar o salário de todos os funcionários do departamento 101 em 10%:

sql

```
UPDATE employees
SET salary = salary * 1.10
WHERE department_id = 101;
```

É importante utilizar a cláusula WHERE para evitar atualizações em todos os registros da tabela. A ausência de WHERE aplica a alteração globalmente, podendo causar erros graves.

Comando DELETE

O DELETE remove registros de uma tabela com base em condições especificadas pela cláusula WHERE. Para excluir todos os funcionários do departamento 103:

sql

```
DELETE FROM employees
WHERE department_id = 103;
```

Assim como em UPDATE, a ausência de WHERE resulta na exclusão de todos os registros da tabela, o que pode ser desastroso. Para evitar problemas, é recomendável revisar cuidadosamente a condição antes de executar o comando.

Criação de Tabelas

A criação de tabelas em SQL utiliza o comando CREATE TABLE. Ele define o nome da tabela, os nomes das colunas e seus tipos de dados. Para criar uma tabela para armazenar informações de clientes:

sql

```
CREATE TABLE customers (
    customer_id INT AUTO_INCREMENT PRIMARY KEY,
    first_name VARCHAR(50),
    last_name VARCHAR(50),
    email VARCHAR(100) UNIQUE,
```

```
    phone VARCHAR(15),
    registration_date DATE
);
```

A tabela "customers" inclui uma chave primária (customer_id) e uma restrição de unicidade no email, evitando duplicações. Colunas podem ser configuradas com valores padrão, como "registration_date":

sql

```
CREATE TABLE customers (
    customer_id INT AUTO_INCREMENT PRIMARY KEY,
    first_name VARCHAR(50),
    last_name VARCHAR(50),
    email VARCHAR(100) UNIQUE,
    phone VARCHAR(15),
    registration_date DATE DEFAULT CURRENT_DATE
);
```

Alterações em tabelas existentes são feitas com o comando ALTER TABLE. Para adicionar uma nova coluna "address":

sql

```
ALTER TABLE customers
ADD address VARCHAR(255);
```

Manipulação Inicial de Dados

Após criar uma tabela, adicionar registros iniciais é um passo importante para validar a estrutura e funcionalidade. Inserir dados reais ou fictícios ajuda a testar consultas e operações:

sql

```
INSERT INTO customers (first_name, last_name, email, phone)
VALUES
('Alice', 'Brown', 'alice.brown@example.com', '123-456-7890'),
('Bob', 'Smith', 'bob.smith@example.com', '987-654-3210'),
('Charlie', 'Davis', 'charlie.davis@example.com', '555-555-5555');
```

Consultas podem ser realizadas para verificar a inserção e explorar os dados disponíveis:

sql

```
SELECT * FROM customers;
```

Modificar registros permite ajustes iniciais, corrigindo erros ou atualizando informações conforme necessário:

sql

```
UPDATE customers
SET phone = '444-444-4444'
WHERE first_name = 'Alice' AND last_name = 'Brown';
```

Excluir registros é útil para remover entradas inválidas ou redundantes:

sql

```
DELETE FROM customers
WHERE email = 'charlie.davis@example.com';
```

Exercícios Práticos e Erros Comuns

Praticar os comandos básicos é fundamental para consolidar o conhecimento e evitar erros comuns. Criar um banco de dados fictício para gerenciar uma pequena livraria oferece um cenário prático:

sql

```
CREATE DATABASE bookstore;
USE bookstore;
```

```
CREATE TABLE books (
    book_id INT AUTO_INCREMENT PRIMARY KEY,
    title VARCHAR(255),
    author VARCHAR(100),
    genre VARCHAR(50),
    price DECIMAL(10, 2),
    stock INT
);
```

```
CREATE TABLE sales (
    sale_id INT AUTO_INCREMENT PRIMARY KEY,
    book_id INT,
    quantity INT,
    sale_date DATE,
    FOREIGN KEY (book_id) REFERENCES books(book_id)
);
```

Inserir registros na tabela "books":

sql

```
INSERT INTO books (title, author, genre, price, stock)
VALUES
('SQL Essentials', 'Jane Doe', 'Technology', 29.99, 50),
('Advanced SQL', 'John Smith', 'Technology', 49.99, 30),
('Mystery Novel', 'Alice Johnson', 'Fiction', 19.99, 20);
```

Adicionar vendas na tabela "sales":

sql

```sql
INSERT INTO sales (book_id, quantity, sale_date)
VALUES
(1, 2, '2024-01-15'),
(2, 1, '2024-01-16'),
(1, 1, '2024-01-17');
```

Erros comuns incluem esquecer a cláusula WHERE em comandos UPDATE e DELETE, o que pode alterar ou excluir todos os registros acidentalmente. Revisar as condições e utilizar transações para reverter alterações ajuda a mitigar riscos. Por exemplo:

sql

```sql
START TRANSACTION;
```

```sql
UPDATE books
SET price = price * 0.9;
```

```sql
ROLLBACK;
```

O comando reverte qualquer alteração feita dentro da transação, protegendo os dados contra modificações não intencionais.

Dominar os comandos básicos do SQL é essencial para realizar tarefas críticas de consulta e manipulação de dados. A prática consistente, aliada ao uso de boas práticas, garante que as operações sejam realizadas com segurança e eficiência.

CAPÍTULO 5. FILTRANDO E ORDENANDO DADOS

O processo de filtrar e ordenar dados é uma habilidade fundamental no SQL, permitindo a extração de informações específicas e a organização de resultados de forma clara e lógica. O comando WHERE, juntamente com ORDER BY e GROUP BY, proporciona controle preciso sobre os dados recuperados e a maneira como são apresentados. A utilização de operadores lógicos e aritméticos amplia ainda mais as possibilidades de personalização das consultas.

Uso de WHERE para Criar Condições Precisas

A cláusula WHERE é essencial para filtrar dados em consultas SQL, especificando critérios que os registros devem atender para serem incluídos no resultado. Ela pode ser usada em combinação com operadores lógicos, comparativos e aritméticos, permitindo criar condições precisas.

Para encontrar todos os funcionários com salário acima de 5000:

sql

```
SELECT first_name, last_name, salary
FROM employees
WHERE salary > 5000;
```

É possível utilizar a cláusula WHERE para combinar várias condições, empregando operadores como AND e OR. Para listar funcionários do departamento 101 que ganham mais de 4500:

sql

```
SELECT first_name, last_name, department_id, salary
FROM employees
WHERE department_id = 101 AND salary > 4500;
```

Operadores como BETWEEN são úteis para especificar intervalos. Para buscar funcionários com salários entre 3000 e 7000:

sql

```
SELECT first_name, last_name, salary
FROM employees
WHERE salary BETWEEN 3000 AND 7000;
```

A filtragem de valores específicos é realizada com o operador IN. Para identificar funcionários em departamentos 101, 102 e 103:

sql

```
SELECT first_name, last_name, department_id
FROM employees
WHERE department_id IN (101, 102, 103);
```

A busca por padrões em strings pode ser feita com o operador LIKE, que aceita curingas como % para qualquer sequência de caracteres e _ para um único caractere. Para encontrar funcionários cujos nomes começam com "J":

sql

```
SELECT first_name, last_name
FROM employees
WHERE first_name LIKE 'J%';
```

Ordenação de Dados com ORDER BY

A cláusula ORDER BY organiza os resultados de uma consulta com base em uma ou mais colunas. A ordem padrão é ascendente, mas é possível especificar uma ordem descendente utilizando DESC.

Para organizar funcionários por salário em ordem crescente:

sql

```
SELECT first_name, last_name, salary
FROM employees
ORDER BY salary;
```

Para listar os funcionários mais bem pagos primeiro, a ordenação pode ser alterada:

sql

```
SELECT first_name, last_name, salary
FROM employees
ORDER BY salary DESC;
```

Quando a ordenação depende de múltiplas colunas, o SQL permite definir prioridades. Para organizar por departamento e, dentro de cada departamento, por salário em ordem decrescente:

sql

```
SELECT first_name, last_name, department_id, salary
FROM employees
ORDER BY department_id, salary DESC;
```

Agrupamento de Dados com GROUP BY

A cláusula GROUP BY permite agrupar dados com base em uma

ou mais colunas, sendo frequentemente usada com funções agregadas, como SUM, AVG, COUNT, MAX e MIN. Para calcular o salário médio por departamento:

sql

```
SELECT department_id, AVG(salary) AS average_salary
FROM employees
GROUP BY department_id;
```

É possível combinar GROUP BY com filtros adicionais utilizando HAVING. Enquanto WHERE filtra registros antes do agrupamento, HAVING aplica condições aos grupos resultantes. Para listar departamentos com salário médio superior a 5000:

sql

```
SELECT department_id, AVG(salary) AS average_salary
FROM employees
GROUP BY department_id
HAVING AVG(salary) > 5000;
```

Funções agregadas também podem ser usadas para obter insights sobre o volume de dados. Para contar o número de funcionários em cada departamento:

sql

```
SELECT department_id, COUNT(*) AS employee_count
FROM employees
GROUP BY department_id;
```

Combinações com Operadores Lógicos e Aritméticos

A combinação de operadores lógicos e aritméticos com WHERE, ORDER BY e GROUP BY aumenta a flexibilidade das consultas

SQL, permitindo criar critérios avançados. Para calcular o salário líquido de cada funcionário considerando um desconto de 10% e listar apenas aqueles com salário líquido superior a 4000:

sql

```
SELECT first_name, last_name, salary, salary * 0.9 AS net_salary
FROM employees
WHERE salary * 0.9 > 4000
ORDER BY net_salary DESC;
```

Para analisar a soma dos salários em departamentos específicos, agrupando e ordenando os resultados:

sql

```
SELECT department_id, SUM(salary) AS total_salary
FROM employees
WHERE department_id IN (101, 102, 103)
GROUP BY department_id
ORDER BY total_salary DESC;
```

Operações aritméticas podem ser combinadas com outros critérios para cálculos dinâmicos. Para determinar o total de vendas com base na quantidade e no preço de produtos:

sql

```
SELECT product_name, quantity, price, quantity * price AS
total_revenue
FROM sales
WHERE quantity * price > 1000
ORDER BY total_revenue DESC;
```

Integração Prática e Dicas de Uso

Para aplicar os conceitos abordados, a criação de um banco de dados fictício para gerenciar uma loja de eletrônicos oferece um cenário prático. A tabela "products" pode armazenar informações sobre produtos, como nome, preço e categoria:

sql

```sql
CREATE TABLE products (
    product_id INT AUTO_INCREMENT PRIMARY KEY,
    product_name VARCHAR(100),
    category VARCHAR(50),
    price DECIMAL(10, 2),
    stock INT
);

INSERT INTO products (product_name, category, price, stock)
VALUES
('Laptop', 'Electronics', 1500.00, 30),
('Smartphone', 'Electronics', 800.00, 50),
('Headphones', 'Accessories', 50.00, 100),
('Charger', 'Accessories', 20.00, 200),
('Tablet', 'Electronics', 600.00, 25);
```

Para listar produtos com estoque inferior a 50 unidades:

sql

```sql
SELECT product_name, stock
FROM products
WHERE stock < 50;
```

Para calcular o valor total de estoque por categoria:

sql

```sql
SELECT category, SUM(price * stock) AS total_stock_value
FROM products
GROUP BY category
ORDER BY total_stock_value DESC;
```

Para encontrar o produto mais caro em cada categoria:

sql

```sql
SELECT category, product_name, MAX(price) AS highest_price
FROM products
GROUP BY category;
```

Prevenção de Erros e Boas Práticas

É importante verificar a precisão das condições em WHERE, especialmente ao utilizar operadores como AND e OR, para evitar resultados inesperados. A ausência de filtros em operações críticas, como DELETE e UPDATE, pode causar alterações indesejadas em todos os registros. Revisar consultas e usar transações para simular resultados antes de aplicar mudanças é uma prática recomendada.

A compreensão do uso de WHERE, ORDER BY e GROUP BY, combinada com operadores lógicos e aritméticos, permite construir consultas sofisticadas e personalizadas. A prática contínua e a aplicação desses conceitos em cenários reais fortalecem a habilidade de extrair, organizar e interpretar dados com eficiência e precisão.

CAPÍTULO 6. TRABALHANDO COM MÚLTIPLAS TABELAS

Em sistemas de banco de dados relacionais, os dados geralmente estão distribuídos entre várias tabelas para manter a organização e a integridade das informações. Trabalhar com múltiplas tabelas requer o uso de junções (joins), que conectam tabelas diferentes com base em condições específicas. Dominar essas técnicas é essencial para realizar consultas complexas e integrar dados de maneira eficiente e clara.

Junções em SQL

Junções permitem combinar dados de duas ou mais tabelas usando condições baseadas em colunas relacionadas. A junção mais comum é realizada por meio de chaves primárias e estrangeiras, garantindo que os dados mantenham suas relações naturais.

As junções podem ser classificadas em diferentes tipos, cada uma servindo a propósitos específicos:

- **INNER JOIN**: Retorna apenas os registros que possuem correspondência em ambas as tabelas.

- **LEFT JOIN**: Retorna todos os registros da tabela à esquerda e os registros correspondentes da tabela à direita.

- **RIGHT JOIN**: Retorna todos os registros da tabela à direita e os registros correspondentes da tabela à esquerda.

- **FULL JOIN**: Retorna todos os registros de ambas as tabelas, correspondentes ou não.

Utilizando INNER JOIN

O INNER JOIN é utilizado para recuperar registros que possuem correspondência em ambas as tabelas. Considere duas tabelas: "customers" e "orders". A tabela "customers" armazena informações sobre clientes, enquanto "orders" armazena detalhes dos pedidos realizados por esses clientes.

sql

```sql
CREATE TABLE customers (
    customer_id INT PRIMARY KEY,
    name VARCHAR(100),
    email VARCHAR(100)
);


CREATE TABLE orders (
    order_id INT PRIMARY KEY,
    customer_id INT,
    order_date DATE,
    amount DECIMAL(10, 2),
    FOREIGN KEY (customer_id) REFERENCES customers(customer_id)
);
```

Para encontrar informações sobre pedidos e os clientes que os realizaram:

sql

```sql
SELECT customers.name, customers.email, orders.order_id,
orders.order_date, orders.amount

FROM customers

INNER JOIN orders ON customers.customer_id =
orders.customer_id;
```

A consulta retorna apenas os clientes que possuem pedidos registrados. Se um cliente não tiver feito nenhum pedido, ele será excluído do resultado.

Utilizando LEFT JOIN

O LEFT JOIN inclui todos os registros da tabela à esquerda e os registros correspondentes da tabela à direita. Se não houver correspondência, os valores da tabela à direita serão retornados como NULL.

Para listar todos os clientes, incluindo aqueles que ainda não realizaram pedidos:

sql

```sql
SELECT customers.name, customers.email, orders.order_id,
orders.order_date, orders.amount

FROM customers

LEFT JOIN orders ON customers.customer_id =
orders.customer_id;
```

Clientes sem pedidos registrados terão as colunas da tabela "orders" exibidas como NULL.

RIGHT JOIN

O RIGHT JOIN funciona de maneira inversa ao LEFT JOIN, retornando todos os registros da tabela à direita e os correspondentes da tabela à esquerda. Para listar todos os pedidos, incluindo aqueles que não possuem clientes associados:

sql

SELECT customers.name, customers.email, orders.order_id,
orders.order_date, orders.amount

FROM customers

RIGHT JOIN orders ON customers.customer_id =
orders.customer_id;

Pedidos sem clientes associados terão as colunas da tabela
"customers" exibidas como NULL.

FULL JOIN

O FULL JOIN combina os resultados do LEFT JOIN e RIGHT JOIN,
retornando todos os registros de ambas as tabelas. Isso inclui
registros que não possuem correspondências em nenhuma das
tabelas.

Para obter todos os clientes e todos os pedidos, incluindo aqueles
que não possuem correspondências:

sql

SELECT customers.name, customers.email, orders.order_id,
orders.order_date, orders.amount

FROM customers

FULL JOIN orders ON customers.customer_id =
orders.customer_id;

A junção é útil quando é necessário visualizar todos os dados,
independentemente de estarem relacionados ou não.

Consultas Eficientes e Claras

Para consultas mais eficientes, é importante indexar as

colunas frequentemente usadas em junções, como chaves primárias e estrangeiras. Índices melhoram significativamente o desempenho, especialmente ao trabalhar com grandes volumes de dados.

Criar um índice em uma tabela pode ser feito com o seguinte comando:

sql

```sql
CREATE INDEX idx_customer_id ON orders (customer_id);
```

Outra prática recomendada é limitar as colunas retornadas na consulta às que são estritamente necessárias, reduzindo o consumo de memória e tornando os resultados mais fáceis de interpretar. Por exemplo, ao buscar apenas nomes de clientes e o total de seus pedidos:

sql

```sql
SELECT customers.name, SUM(orders.amount) AS total_spent

FROM customers

INNER JOIN orders ON customers.customer_id =
orders.customer_id

GROUP BY customers.name;
```

Exemplos de Integração de Dados

Um cenário comum é integrar dados de vendas, produtos e clientes. Considere três tabelas: "customers", "orders" e "products". A tabela "orders" relaciona os clientes aos produtos adquiridos.

sql

```sql
CREATE TABLE products (
    product_id INT PRIMARY KEY,
```

```
    product_name VARCHAR(100),
    price DECIMAL(10, 2)
);


CREATE TABLE orders (
    order_id INT PRIMARY KEY,
    customer_id INT,
    product_id INT,
    order_date DATE,
    quantity INT,
    FOREIGN KEY (customer_id) REFERENCES
customers(customer_id),
    FOREIGN KEY (product_id) REFERENCES
products(product_id)
);
```

Para listar os clientes que compraram um determinado produto:

sql

```sql
SELECT customers.name, customers.email,
products.product_name, orders.quantity
FROM customers
INNER JOIN orders ON customers.customer_id =
orders.customer_id
INNER JOIN products ON orders.product_id =
products.product_id
WHERE products.product_name = 'Laptop';
```

Tal consulta utiliza múltiplas junções para integrar dados de três tabelas, apresentando uma visão consolidada das informações.

Para calcular o total gasto por cliente em todos os produtos:

sql

```
SELECT customers.name, SUM(products.price * orders.quantity)
AS total_spent

FROM customers

INNER JOIN orders ON customers.customer_id =
orders.customer_id

INNER JOIN products ON orders.product_id =
products.product_id

GROUP BY customers.name;
```

Combina as tabelas para calcular o gasto total de cada cliente, agrupando os resultados por nome.

Prevenção de Erros Comuns

Ao trabalhar com junções, é fundamental compreender as relações entre as tabelas e verificar as condições ON. Condições inadequadas podem levar a resultados incorretos ou duplicações. Revisar a lógica das consultas e utilizar alias para simplificar a leitura é uma boa prática.

sql

```
SELECT c.name, p.product_name, o.quantity

FROM customers AS c

INNER JOIN orders AS o ON c.customer_id = o.customer_id

INNER JOIN products AS p ON o.product_id = p.product_id;
```

A utilização de alias reduz o tamanho das expressões e torna o código mais legível.

Trabalhar com múltiplas tabelas exige um entendimento claro das relações entre os dados. A prática contínua e a aplicação de técnicas eficientes garantem consultas precisas e de alto desempenho.

CAPÍTULO 7. ESTRUTURANDO DADOS: CRIAÇÃO E ALTERAÇÃO

A organização eficiente de dados em um banco de dados relacional começa com a estruturação de suas tabelas. Comandos DDL (Data Definition Language) fornecem as ferramentas para criar, alterar e excluir tabelas e outros objetos do banco de dados. Esses comandos são essenciais para garantir que os dados sejam armazenados de maneira organizada, consistente e escalável, além de facilitar sua manutenção e uso.

Introdução aos comandos

DDL (CREATE, ALTER, DROP)

O comando **CREATE** é utilizado para criar tabelas e outros objetos no banco de dados. Ele define a estrutura básica, incluindo colunas, tipos de dados e restrições. Criar uma tabela para armazenar informações de produtos pode ser feito da seguinte forma:

sql

```sql
CREATE TABLE products (
    product_id INT AUTO_INCREMENT PRIMARY KEY,
    product_name VARCHAR(100) NOT NULL,
    category VARCHAR(50),
    price DECIMAL(10, 2) NOT NULL,
    stock INT DEFAULT 0
);
```

Essa tabela define uma estrutura básica para armazenar

informações sobre produtos, com uma chave primária (product_id) que é automaticamente incrementada, colunas obrigatórias e valores padrão para o estoque.

O comando **ALTER** modifica a estrutura de uma tabela existente, permitindo adicionar, alterar ou excluir colunas e restrições. Para adicionar uma coluna "supplier_name" na tabela "products":

sql

```
ALTER TABLE products
ADD supplier_name VARCHAR(100);
```

Para modificar o tipo de dado de uma coluna, como alterar a coluna "category" para aceitar até 100 caracteres:

sql

```
ALTER TABLE products
MODIFY category VARCHAR(100);
```

Para remover uma coluna que não é mais necessária, como "supplier_name":

sql

```
ALTER TABLE products
DROP COLUMN supplier_name;
```

O comando **DROP** exclui tabelas ou outros objetos do banco de dados permanentemente. Para excluir a tabela "products":

sql

```
DROP TABLE products;
```

Essa ação é irreversível, portanto, deve ser realizada com cuidado e somente após verificar que os dados não serão mais necessários ou que existe um backup adequado.

Estratégias de design de tabelas para escalabilidade

O design de tabelas deve ser planejado com a escalabilidade em mente, garantindo que o banco de dados possa crescer e se adaptar às mudanças nas necessidades de dados. Algumas estratégias importantes incluem:

1. **Definir tipos de dados apropriados**: Escolher tipos de dados que sejam adequados ao uso previsto reduz o consumo de memória e melhora o desempenho. Por exemplo, usar TINYINT para colunas que armazenam valores de 0 a 255 é mais eficiente do que usar INT.

2. **Usar chaves primárias e estrangeiras**: Definir chaves primárias garante que cada registro seja único, enquanto chaves estrangeiras mantêm a integridade referencial entre tabelas. Na tabela "orders", a chave estrangeira "product_id" conecta pedidos aos produtos correspondentes:

sql

```
CREATE TABLE orders (
    order_id INT AUTO_INCREMENT PRIMARY KEY,
    product_id INT NOT NULL,
    order_date DATE NOT NULL,
    quantity INT NOT NULL,
    FOREIGN KEY (product_id) REFERENCES
products(product_id)
);
```

3. **Normalização**: Dividir os dados em tabelas menores e bem relacionadas reduz redundâncias e melhora a consistência. Em um sistema de gerenciamento de uma livraria, dividir informações de livros, autores e categorias em tabelas separadas ajuda a evitar duplicações e facilita a manutenção.

sql

```
CREATE TABLE authors (
    author_id INT AUTO_INCREMENT PRIMARY KEY,
    name VARCHAR(100) NOT NULL
);

CREATE TABLE books (
    book_id INT AUTO_INCREMENT PRIMARY KEY,
    title VARCHAR(100) NOT NULL,
    author_id INT,
    category VARCHAR(50),
    FOREIGN KEY (author_id) REFERENCES authors(author_id)
);
```

4. **Indexação**: Criar índices em colunas frequentemente usadas em consultas acelera a recuperação de dados. Na tabela "orders", criar um índice na coluna "order_date" melhora o desempenho de consultas que filtram ou ordenam por data:

sql

```
CREATE INDEX idx_order_date ON orders(order_date);
```

5. **Planejamento para crescimento futuro**: Adicionar colunas extras ou reservar espaço para expansões futuras minimiza alterações estruturais frequentes. Usar tipos de dados como VARCHAR com limites adequados, em vez de CHAR fixo, permite flexibilidade.

Práticas Recomendadas para Organização de Esquemas

Organizar esquemas de forma clara e lógica facilita o gerenciamento e a compreensão do banco de dados. Seguir boas práticas desde o início reduz a complexidade à medida que o banco cresce.

1. **Nomes consistentes e descritivos**: Usar nomes claros e consistentes para tabelas, colunas e outros objetos melhora a legibilidade e evita confusões. Por exemplo, usar "order_date" em vez de "odate" torna o objetivo da coluna mais evidente.

2. **Documentação**: Manter uma documentação atualizada do esquema, incluindo diagramas de relacionamento entre tabelas, ajuda a equipe a entender a estrutura do banco de dados.

3. **Restrição de permissões**: Limitar as permissões de acesso aos objetos do banco de dados aumenta a segurança. Usuários que precisam apenas consultar dados podem ser configurados com permissões de leitura:

sql

```
GRANT SELECT ON bookstore.* TO 'read_only_user'@'localhost'
IDENTIFIED BY 'securepassword';
```

4. **Particionamento de tabelas**: Dividir tabelas grandes em partições com base em critérios como data ou localização geográfica melhora o desempenho de consultas. Em uma tabela de vendas, particionar os dados por ano facilita a recuperação de informações de um período específico:

sql

```
CREATE TABLE sales_2023 PARTITION BY RANGE (sale_date) (
    PARTITION p2023 VALUES LESS THAN ('2024-01-01')
);
```

5. **Evitar valores nulos desnecessários**: Sempre que possível, evitar o uso de valores NULL, substituindo-os

por valores padrão ou por tabelas auxiliares para dados ausentes. Isso reduz a complexidade das consultas e previne erros.

6. **Armazenamento de histórico**: Criar tabelas para armazenar registros históricos preserva dados para auditorias ou análises futuras. Em um sistema de pedidos, criar uma tabela "order_history" para registrar alterações em pedidos mantém o histórico intacto:

sql

```sql
CREATE TABLE order_history (
    history_id INT AUTO_INCREMENT PRIMARY KEY,
    order_id INT,
    change_date TIMESTAMP DEFAULT CURRENT_TIMESTAMP,
    old_quantity INT,
    new_quantity INT,
    FOREIGN KEY (order_id) REFERENCES orders(order_id)
);
```

Implementação Prática de Design Escalável

Criar um banco de dados escalável para gerenciar uma loja online envolve projetar tabelas bem estruturadas para armazenar informações de clientes, produtos, pedidos e pagamentos.

sql

```sql
CREATE TABLE customers (
    customer_id INT AUTO_INCREMENT PRIMARY KEY,
    first_name VARCHAR(50),
    last_name VARCHAR(50),
    email VARCHAR(100) UNIQUE,
```

```
    phone VARCHAR(15),
    registration_date DATE DEFAULT CURRENT_DATE
);

CREATE TABLE products (
    product_id INT AUTO_INCREMENT PRIMARY KEY,
    product_name VARCHAR(100),
    price DECIMAL(10, 2),
    stock INT DEFAULT 0
);

CREATE TABLE orders (
    order_id INT AUTO_INCREMENT PRIMARY KEY,
    customer_id INT,
    order_date DATE DEFAULT CURRENT_DATE,
    status VARCHAR(20) DEFAULT 'Pending',
    FOREIGN KEY (customer_id) REFERENCES
customers(customer_id)
);

CREATE TABLE order_details (
    detail_id INT AUTO_INCREMENT PRIMARY KEY,
    order_id INT,
    product_id INT,
    quantity INT,
    price DECIMAL(10, 2),
    FOREIGN KEY (order_id) REFERENCES orders(order_id),
    FOREIGN KEY (product_id) REFERENCES
products(product_id)
);
```

A estrutura descrita, permite gerenciar clientes, rastrear pedidos e associar produtos a cada transação. As tabelas são relacionadas, garantindo consistência e escalabilidade.

Para atualizar o status de um pedido após o pagamento:

sql

```
UPDATE orders
SET status = 'Completed'
WHERE order_id = 1;
```

Excluir produtos descontinuados e associados a nenhum pedido ativo:

sql

```
DELETE FROM products
WHERE product_id NOT IN (
    SELECT DISTINCT product_id FROM order_details
);
```

A estruturação de dados é um processo contínuo que combina planejamento inicial e ajustes frequentes. Com o uso adequado dos comandos DDL, o design escalável e a organização eficiente dos esquemas, os bancos de dados podem crescer em complexidade e volume sem comprometer o desempenho ou a consistência. Estratégias sólidas permitem criar sistemas robustos que atendem às necessidades atuais e se adaptam às demandas futuras.

CAPÍTULO 8. FUNÇÕES DE AGREGAÇÃO E ANÁLISE DE DADOS

Funções de agregação são ferramentas essenciais no SQL para sumarizar, calcular e analisar conjuntos de dados. Elas permitem transformar grandes volumes de informações em relatórios concisos e úteis, facilitando a tomada de decisões. Operações como SUM, AVG, MAX, MIN e COUNT são amplamente utilizadas em cenários de relatórios e análises, sendo particularmente valiosas em aplicações empresariais e científicas.

Operações Avançadas com Funções de Agregação

As funções de agregação operam sobre conjuntos de valores para retornar um único valor agregado, como a soma total ou a média. Essas operações são especialmente úteis em relatórios financeiros, análises de desempenho e outros cenários em que é necessário resumir dados.

SUM

A função SUM calcula a soma de valores em uma coluna específica. Para obter a receita total de vendas armazenada na tabela "sales":

sql

```
SELECT SUM(total_amount) AS total_revenue
FROM sales;
```

O comando retorna a soma de todas as vendas registradas, permitindo uma visão geral do desempenho financeiro.

Para calcular a receita total de vendas por região, utilizando a cláusula GROUP BY:

sql

```
SELECT region, SUM(total_amount) AS total_revenue
FROM sales
GROUP BY region;
```

A consulta agrupa os registros por região e calcula a soma das vendas para cada grupo.

AVG

A função AVG retorna a média de valores em uma coluna. Para calcular a média dos salários armazenados na tabela "employees":

sql

```
SELECT AVG(salary) AS average_salary
FROM employees;
```

A operação é útil para identificar padrões salariais em uma organização. Para calcular a média salarial por departamento:

sql

```
SELECT department_id, AVG(salary) AS average_salary
FROM employees
GROUP BY department_id;
```

Esse comando fornece informações específicas para cada departamento, auxiliando na análise de disparidades salariais.

MAX e MIN

As funções MAX e MIN retornam, respectivamente, o maior e o

menor valor em uma coluna. Para identificar o maior e o menor preço em uma tabela de produtos:

sql

```
SELECT MAX(price) AS highest_price, MIN(price) AS
lowest_price
FROM products;
```

Essas funções são úteis para análises de mercado e definição de estratégias de precificação. Para encontrar o produto mais caro de cada categoria:

sql

```
SELECT category, MAX(price) AS highest_price
FROM products
GROUP BY category;
```

Essa consulta categoriza os produtos e retorna o preço mais alto em cada categoria.

COUNT

A função COUNT calcula o número de registros em uma tabela ou em um grupo específico. Para contar o número total de pedidos em uma tabela de vendas:

sql

```
SELECT COUNT(*) AS total_orders
FROM orders;
```

Para contar o número de pedidos em cada mês:

sql

```
SELECT MONTH(order_date) AS order_month, COUNT(*) AS
total_orders
FROM orders
```

```
GROUP BY MONTH(order_date);
```

O comando categoriza os pedidos por mês e calcula o total para cada um.

Aplicações práticas em
Cenários de Relatórios e Análises

Funções de agregação são amplamente utilizadas em relatórios empresariais, análises de desempenho e tomadas de decisão estratégicas. Uma aplicação prática é gerar relatórios financeiros que resumem as receitas, despesas e lucros ao longo do tempo.

Para calcular o lucro total em uma tabela que armazena receitas e despesas:

sql

```
SELECT SUM(revenue) - SUM(expense) AS total_profit
FROM financials;
```

Em um relatório de vendas, é possível identificar as cinco categorias mais lucrativas:

sql

```
SELECT category, SUM(total_amount) AS total_revenue
FROM sales
GROUP BY category
ORDER BY total_revenue DESC
LIMIT 5;
```

Tais dados ajudam a priorizar investimentos em categorias que oferecem maior retorno financeiro.

Análises com Grandes Volumes de Dados

Grandes volumes de dados exigem otimização e planejamento para garantir que as funções de agregação sejam executadas

61

de forma eficiente. Criar índices nas colunas usadas em agrupamentos e filtros melhora significativamente o desempenho.

Para otimizar uma consulta que calcula a média de salários por departamento:

sql

```
CREATE INDEX idx_department_id ON
employees(department_id);

SELECT department_id, AVG(salary) AS average_salary
FROM employees
GROUP BY department_id;
```

Em análises de grandes volumes de dados, dividir os conjuntos em partições ajuda a reduzir a complexidade e o tempo de execução. Em uma tabela de vendas particionada por ano, calcular a receita total de 2023 é mais eficiente:

sql

```
SELECT SUM(total_amount) AS total_revenue
FROM sales
WHERE sale_year = 2023;
```

Casos de Uso Reais

Uma aplicação prática é o gerenciamento de estoques em uma rede de varejo. A tabela "inventory" pode armazenar informações sobre produtos, estoques e vendas. Para calcular o valor total do estoque disponível:

sql

```
SELECT SUM(stock * price) AS total_inventory_value
```

```sql
FROM inventory;
```

Para identificar os produtos com maior estoque em cada categoria:

sql

```sql
SELECT category, product_name, MAX(stock) AS highest_stock
FROM inventory
GROUP BY category, product_name;
```

No setor de educação, analisar o desempenho de estudantes com base em suas notas é outra aplicação valiosa. Para calcular a média das notas por disciplina:

sql

```sql
SELECT subject, AVG(score) AS average_score
FROM grades
GROUP BY subject;
```

Para identificar os três melhores estudantes de cada disciplina:

sql

```sql
SELECT subject, student_name, MAX(score) AS top_score
FROM grades
GROUP BY subject, student_name
ORDER BY top_score DESC
LIMIT 3;
```

Boas Práticas e Prevenção de Erros

Ao usar funções de agregação, é importante considerar o impacto de valores nulos. Para evitar inconsistências, utilizar a função COALESCE para substituir valores nulos por um padrão:

sql

```sql
SELECT SUM(COALESCE(salary, 0)) AS total_salary
FROM employees;
```

Funções de agregação também devem ser combinadas com filtros claros para evitar resultados imprecisos. Aplicar WHERE antes de GROUP BY garante que apenas os registros relevantes sejam incluídos.

sql

```sql
SELECT department_id, SUM(salary) AS total_salary
FROM employees
WHERE salary > 3000
GROUP BY department_id;
```

Essas práticas garantem que os resultados sejam precisos e úteis para análises e relatórios.

Funções de agregação são ferramentas indispensáveis para transformar dados em informações acionáveis. Combinadas com boas práticas de uso e otimização, elas permitem análises detalhadas e eficientes, seja em pequenas tabelas ou em grandes volumes de dados. A prática constante com cenários reais fortalece as habilidades e expande as possibilidades de aplicação.

CAPÍTULO 9. TRANSFORMAÇÃO DE DADOS COM FUNÇÕES AVANÇADAS

A transformação de dados é uma prática essencial em SQL para modelar e manipular informações de forma eficaz. Funções avançadas para strings, datas, operações matemáticas e condições permitem criar consultas dinâmicas e realizar análises detalhadas. Essas ferramentas são indispensáveis em projetos de data science, relatórios empresariais e otimizações de bancos de dados.

Manipulação de Strings

Funções de manipulação de strings são usadas para alterar, formatar ou extrair informações de colunas de texto. Em tabelas que armazenam nomes, endereços ou descrições, essas funções oferecem flexibilidade para modelar os dados de acordo com as necessidades.

Para converter textos para letras maiúsculas, a função **UPPER** é útil:

sql

```
SELECT UPPER(first_name) AS uppercase_name
FROM employees;
```

A função transforma todos os nomes em letras maiúsculas, padronizando a exibição.

Para converter para letras minúsculas, a função **LOWER**:

sql

```
SELECT LOWER(email) AS lowercase_email
```

```
FROM customers;
```

Isso é particularmente útil ao comparar valores textuais em consultas, já que a maioria dos bancos de dados diferencia maiúsculas e minúsculas.

Para extrair uma substring de um campo, a função **SUBSTRING** é utilizada. Para capturar os primeiros três caracteres de um código de produto:

sql

```
SELECT SUBSTRING(product_code, 1, 3) AS product_prefix
FROM products;
```

Para remover espaços desnecessários, a função **TRIM** elimina espaços em branco no início ou no final de um texto:

sql

```
SELECT TRIM(name) AS trimmed_name
FROM customers;
```

Para combinar diferentes strings, a função **CONCAT** junta valores de várias colunas:

sql

```
SELECT CONCAT(first_name, ' ', last_name) AS full_name
FROM employees;
```

Tal abordagem é útil para criar campos compostos que não estão diretamente disponíveis na tabela.

Manipulação de datas

Funções para lidar com datas são essenciais em bancos de dados, permitindo calcular intervalos, formatar valores e realizar comparações temporais.

Para obter a data atual, a função **CURRENT_DATE** ou **GETDATE** é utilizada:

sql

```sql
SELECT CURRENT_DATE AS today;
```

Para calcular a diferença entre duas datas, a função **DATEDIFF** retorna o intervalo em dias:

sql

```sql
SELECT DATEDIFF(CURRENT_DATE, hire_date) AS
days_employed
FROM employees;
```

Para adicionar ou subtrair valores de uma data, funções como **DATE_ADD** e **DATE_SUB** são úteis. Para calcular a data de vencimento de um pedido adicionando 30 dias à data atual:

sql

```sql
SELECT DATE_ADD(order_date, INTERVAL 30 DAY) AS due_date
FROM orders;
```

Para formatar uma data em um padrão específico, a função **DATE_FORMAT** permite ajustar o formato de saída:

sql

```sql
SELECT     DATE_FORMAT(order_date,     '%d/%m/%Y')     AS
formatted_date
FROM orders;
```

Essa formatação melhora a legibilidade e adequação do valor a diferentes contextos.

Funções Matemáticas

Funções matemáticas permitem realizar cálculos complexos diretamente nas consultas, reduzindo a necessidade de processamento adicional em outras ferramentas.

Para calcular o valor total de estoque multiplicando a quantidade pelo preço unitário:

sql

```
SELECT product_name, stock * price AS total_stock_value
FROM products;
```

Para arredondar valores, a função **ROUND** é útil, especialmente em cálculos financeiros. Para exibir os preços com duas casas decimais:

sql

```
SELECT product_name, ROUND(price, 2) AS rounded_price
FROM products;
```

Para calcular raízes quadradas, a função **SQRT** é usada. Para determinar a raiz quadrada de um valor armazenado:

sql

```
SELECT SQRT(area) AS square_root_area
FROM regions;
```

Funções como **CEIL** e **FLOOR** são usadas para arredondar valores para cima ou para baixo. Para calcular o teto de valores fracionários:

sql

```
SELECT CEIL(average_rating) AS rounded_up_rating
```

FROM reviews;

Funções Condicionais para Modelagem

Funções condicionais permitem criar lógica dentro das consultas, ajustando os resultados com base em condições específicas. A função **CASE** é a mais comum, permitindo manipular saídas com base em critérios.

Para categorizar produtos por faixa de preço:

sql

```sql
SELECT product_name, price,
    CASE
        WHEN price < 50 THEN 'Cheap'
        WHEN price BETWEEN 50 AND 200 THEN 'Moderate'
        ELSE 'Expensive'
    END AS price_category
FROM products;
```

Para calcular um bônus salarial com base em faixas de desempenho:

sql

```sql
SELECT employee_id, salary,
    CASE
        WHEN performance_rating = 'A' THEN salary * 0.20
        WHEN performance_rating = 'B' THEN salary * 0.10
        ELSE 0
    END AS bonus
```

```
FROM employees;
```

Combinações de funções condicionais com outras funções avançadas permitem consultas dinâmicas e modelagem de dados diretamente no banco.

Aplicação de Funções em Queries Complexas

As funções avançadas podem ser combinadas para criar consultas robustas que atendam a requisitos específicos. Para analisar o desempenho de vendas em uma tabela que armazena informações sobre pedidos, produtos e clientes:

sql

```sql
SELECT c.name AS customer_name, p.product_name,
    CONCAT('$', ROUND(o.quantity * p.price, 2)) AS total_value,
    DATE_FORMAT(o.order_date, '%d/%m/%Y') AS formatted_date
FROM orders o
INNER JOIN customers c ON o.customer_id = c.customer_id
INNER JOIN products p ON o.product_id = p.product_id
WHERE DATEDIFF(CURRENT_DATE, o.order_date) <= 30
ORDER BY total_value DESC;
```

A consulta descrita, retorna o nome do cliente, o produto comprado, o valor total formatado e a data do pedido em formato amigável. Os resultados são ordenados pelo valor total, destacando as maiores transações no último mês.

Para monitorar o desempenho de categorias de produtos e identificar as mais vendidas:

sql

```
SELECT p.category, COUNT(o.order_id) AS total_orders,
    SUM(p.price * o.quantity) AS total_revenue
FROM orders o
INNER JOIN products p ON o.product_id = p.product_id
GROUP BY p.category
ORDER BY total_revenue DESC;
```

Essa consulta combina funções de agregação, manipulação de strings e cálculos matemáticos para fornecer insights detalhados sobre categorias de produtos.

Otimização e Boas Práticas

O uso de funções avançadas deve ser equilibrado com práticas de otimização. Criar índices em colunas frequentemente usadas em consultas melhora significativamente o desempenho. Evitar operações desnecessárias em grandes conjuntos de dados também ajuda a minimizar o tempo de execução.

Para evitar duplicação de lógica complexa, é possível criar views ou stored procedures. Uma view para formatar dados de clientes e pedidos:

sql

```
CREATE VIEW customer_order_summary AS
SELECT c.name AS customer_name, p.product_name,
    ROUND(o.quantity * p.price, 2) AS total_value,
    o.order_date
FROM orders o
INNER JOIN customers c ON o.customer_id = c.customer_id
INNER JOIN products p ON o.product_id = p.product_id;
```

Consultas futuras podem usar essa view, simplificando o acesso a dados formatados.

Transformações avançadas em SQL fornecem uma base poderosa para modelagem de dados, relatórios dinâmicos e análises detalhadas. Funções de strings, datas, operações matemáticas e condicionais, quando combinadas, tornam os bancos de dados ferramentas versáteis e eficientes para atender a uma ampla gama de necessidades. A utilização inteligente dessas funções, aliado à prática constante, fortalece as habilidades de manipulação e análise de dados.

CAPÍTULO 10. AUTOMATIZAÇÃO COM STORED PROCEDURES E TRIGGERS

A automatização de tarefas em bancos de dados é uma prática essencial para otimizar processos, reduzir erros manuais e garantir a consistência das operações. Stored procedures (procedimentos armazenados) e triggers (gatilhos) são ferramentas fundamentais para implementar essa automação. Ambos permitem executar ações automaticamente com base em comandos explícitos ou eventos específicos no banco de dados, tornando-os indispensáveis em sistemas modernos.

Conceitos e Benefícios de Procedimentos Armazenados

Stored procedures são blocos de código SQL armazenados no banco de dados que podem ser executados de forma repetitiva e eficiente. Eles encapsulam lógica complexa em uma única unidade, tornando as operações mais organizadas e fáceis de manter. Os benefícios incluem:

1. **Reutilização de código**: Um procedimento armazenado pode ser reutilizado várias vezes, reduzindo a duplicação de código e simplificando a manutenção.
2. **Desempenho otimizado**: Como os procedimentos são pré-compilados no banco de dados, sua execução é mais rápida do que consultas ad hoc.
3. **Segurança**: Restringir o acesso direto às tabelas e permitir que usuários interajam apenas por meio de procedimentos armazenados aumenta a segurança do banco.
4. **Consistência**: Garantem que a lógica do negócio seja

executada de forma uniforme em todas as operações.

Para criar um procedimento armazenado que calcula o total de vendas de um cliente específico:

sql

```
DELIMITER $$

CREATE PROCEDURE GetCustomerSales(IN customer_id INT)
BEGIN
    SELECT SUM(o.total_amount) AS total_sales
    FROM orders o
    WHERE o.customer_id = customer_id;
END $$

DELIMITER ;
```

O procedimento, chamado GetCustomerSales, recebe um identificador de cliente como parâmetro e retorna o total de vendas associado a ele. A execução pode ser feita com:

sql

```
CALL GetCustomerSales(1);
```

Procedimentos armazenados também podem incluir lógica condicional para executar diferentes ações com base nos parâmetros. Para criar um procedimento que ajusta o estoque de produtos após uma venda:

sql

```
DELIMITER $$

CREATE PROCEDURE AdjustStock(IN product_id INT, IN
```

```
quantity_sold INT)
BEGIN
    UPDATE products
    SET stock = stock - quantity_sold
    WHERE product_id = product_id;

    IF (SELECT stock FROM products WHERE product_id =
product_id) < 0 THEN
        SIGNAL SQLSTATE '45000'
        SET MESSAGE_TEXT = 'Stock cannot be negative';
    END IF;
END $$

DELIMITER ;
```

Esse procedimento atualiza o estoque e verifica se o valor resultante é negativo, gerando um erro caso a condição seja atendida.

Triggers para Automação de Ações em Bancos de Dados

Triggers são blocos de código SQL associados a eventos específicos em tabelas, como inserções, atualizações ou exclusões de registros. Eles são executados automaticamente quando o evento associado ocorre, garantindo que determinadas ações sejam realizadas sem intervenção manual.

Os gatilhos são úteis para:

1. **Garantir integridade dos dados**: Validar ou modificar dados automaticamente antes de serem gravados no banco.
2. **Manter históricos**: Criar logs de alterações em tabelas para auditorias.
3. **Automatizar cálculos**: Atualizar automaticamente valores dependentes em outras tabelas.

Para criar um trigger que registra alterações no estoque de produtos em uma tabela de histórico:

sql

```
DELIMITER $$

CREATE TRIGGER AfterStockUpdate
AFTER UPDATE ON products
FOR EACH ROW
BEGIN
    INSERT INTO stock_history (product_id, old_stock,
new_stock, update_time)
    VALUES (NEW.product_id, OLD.stock, NEW.stock, NOW());
END $$

DELIMITER ;
```

O gatilho é acionado após qualquer atualização no estoque da tabela "products", registrando a alteração em uma tabela de histórico chamada "stock_history".

Para garantir que o preço de um produto nunca seja reduzido para menos de 10 unidades monetárias:

sql

```
DELIMITER $$

CREATE TRIGGER BeforePriceUpdate
BEFORE UPDATE ON products
FOR EACH ROW
BEGIN
   IF NEW.price < 10 THEN
      SIGNAL SQLSTATE '45000'
      SET MESSAGE_TEXT = 'Price cannot be lower than 10';
   END IF;
END $$
```

DELIMITER ;

Aqui, o gatilho verifica o novo valor do preço antes de atualizar a tabela e impede alterações que violem a regra de negócios.

Demonstrações Práticas

A criação de stored procedures e triggers pode ser aplicada em vários cenários práticos. Em um sistema de gerenciamento de pedidos, é possível implementar automações que lidam com validações e cálculos.

Para criar um procedimento armazenado que calcula o valor total de um pedido, considerando descontos baseados no número de itens:

sql

```
DELIMITER $$

CREATE PROCEDURE CalculateOrderTotal(IN order_id INT)
BEGIN
    DECLARE total_amount DECIMAL(10, 2);
    DECLARE discount DECIMAL(10, 2);

    SELECT SUM(p.price * o.quantity) INTO total_amount
    FROM order_details o
    INNER JOIN products p ON o.product_id = p.product_id
    WHERE o.order_id = order_id;

    IF total_amount > 500 THEN
        SET discount = total_amount * 0.10;
    ELSE
        SET discount = 0;
    END IF;

    UPDATE orders
    SET total_amount = total_amount - discount
```

```
    WHERE order_id = order_id;
END $$
```

```
DELIMITER ;
```

Tal procedimento calcula o total de um pedido e aplica um desconto de 10% se o valor exceder 500.

Para criar um trigger que atualiza o estoque automaticamente ao inserir um novo item em "order_details":

sql

```
DELIMITER $$
```

```
CREATE TRIGGER AfterOrderInsert
AFTER INSERT ON order_details
FOR EACH ROW
BEGIN
    UPDATE products
    SET stock = stock - NEW.quantity
    WHERE product_id = NEW.product_id;
END $$
```

```
DELIMITER ;
```

Esse gatilho reduz o estoque de um produto após a inserção de um item no pedido, garantindo que os dados de estoque permaneçam consistentes.

Para proteger a integridade dos dados, criar um trigger que impede a exclusão de clientes que possuem pedidos pendentes:

sql

```
DELIMITER $$
```

```
CREATE TRIGGER BeforeCustomerDelete
BEFORE DELETE ON customers
```

```
FOR EACH ROW
BEGIN
    IF EXISTS (
        SELECT 1 FROM orders WHERE customer_id =
OLD.customer_id AND status = 'Pending'
    ) THEN
        SIGNAL SQLSTATE '45000'
        SET MESSAGE_TEXT = 'Cannot delete customer with
pending orders';
    END IF;
END $$

DELIMITER ;
```

Já, esse gatilho verifica a existência de pedidos pendentes antes de permitir a exclusão de um cliente, mantendo a consistência do banco.

Boas Práticas para Procedimentos e Triggers

1. **Evitar lógica excessiva**: Procedimentos e gatilhos muito complexos podem dificultar a manutenção e impactar o desempenho.
2. **Documentar código**: Adicionar comentários claros ao criar stored procedures e triggers ajuda a equipe a entender a lógica implementada.
3. **Testar em ambientes isolados**: Validar o comportamento antes de aplicar em bancos de dados de produção reduz riscos de erros.

4. **Monitorar desempenho**: Avaliar o impacto das automações no desempenho geral do banco, ajustando índices e otimizações conforme necessário.

Procedimentos armazenados e triggers são ferramentas poderosas que proporcionam automação, consistência e segurança aos bancos de dados. Combinados com boas práticas e planejamento, eles oferecem soluções robustas para lidar com processos repetitivos e validar dados automaticamente, tornando os sistemas mais eficientes e confiáveis.

CAPÍTULO 11. SEGURANÇA E CONTROLE DE ACESSO

A segurança de bancos de dados é um dos pilares para garantir a integridade, confidencialidade e disponibilidade dos dados armazenados. Proteger bancos de dados contra acessos não autorizados, gerenciar permissões de usuários e implementar práticas atualizadas são medidas fundamentais em um ambiente onde a segurança digital é cada vez mais desafiadora.

Proteger Bancos de Dados contra Acessos não Autorizados

Proteger um banco de dados começa com a implementação de barreiras que dificultem o acesso indevido. Medidas básicas, mas eficazes, incluem o uso de autenticação robusta, configuração de firewalls e criptografia de dados.

Autenticação Robusta

O controle de acesso deve começar pela definição de credenciais fortes para todos os usuários. Senhas devem seguir padrões de complexidade, incluindo letras maiúsculas, minúsculas, números e caracteres especiais. Para criar um novo usuário com uma senha forte no MySQL:

sql

```
CREATE USER 'db_user'@'localhost' IDENTIFIED BY 'Str0ngP@ssw0rd!';
```

A autenticação multifator é uma medida adicional que aumenta a segurança, exigindo mais de um método de verificação para acessar o banco de dados.

Configuração de Firewalls

Os firewalls protegem o banco de dados limitando o tráfego permitido apenas a IPs confiáveis. No MySQL, é possível restringir o acesso configurando o host permitido ao criar um usuário:

sql

```
CREATE USER 'remote_user'@'192.168.1.10' IDENTIFIED BY
'SecureP@ssword!';
```

Essa configuração limita o acesso do usuário "remote_user" ao IP especificado, dificultando ataques de fora da rede confiável.

Criptografia de dados

A criptografia protege os dados em repouso e em trânsito contra acessos não autorizados. Para criptografar conexões, é necessário configurar SSL (Secure Sockets Layer). No MySQL, isso pode ser ativado durante a conexão:

bash

```
mysql --ssl-ca=ca-cert.pem --ssl-cert=client-cert.pem --ssl-
key=client-key.pem
```

Para criptografar dados em repouso, como colunas sensíveis, funções nativas de criptografia podem ser usadas. No SQL Server:

sql

```
CREATE TABLE users (
    user_id INT PRIMARY KEY,
    username NVARCHAR(100),
    password VARBINARY(256)
);
```

```
INSERT INTO users (user_id, username, password)
VALUES (1, 'johndoe', ENCRYPTBYKEY(KEY_GUID('KeyName'),
'UserP@ss123!'));
```

Tal abordagem garante que os dados permaneçam ilegíveis mesmo em caso de acesso não autorizado ao banco.

Permissões e Gestão de Usuários

A gestão de permissões é crucial para minimizar os riscos de acesso indevido. O princípio do menor privilégio deve ser aplicado, garantindo que os usuários tenham apenas as permissões necessárias para realizar suas funções.

Criação de Papéis e Permissões

Os papéis (roles) simplificam a administração de permissões, agrupando privilégios em categorias gerenciáveis. No PostgreSQL, a criação de um papel com permissões de leitura e escrita:

sql

```
CREATE ROLE read_write_user;
GRANT SELECT, INSERT, UPDATE, DELETE ON ALL TABLES IN
SCHEMA public TO read_write_user;
```

Atribuir o papel a um usuário:

sql

```
GRANT read_write_user TO 'db_user';
```

Papéis administrativos devem ser atribuídos com cautela, limitando o acesso a comandos críticos, como DROP e ALTER.

Revogação de Permissões

Permissões desnecessárias ou excessivas podem ser revogadas

para reduzir vulnerabilidades. No MySQL:

sql

```
REVOKE INSERT, DELETE ON my_database.* FROM
'db_user'@'localhost';
```

Isso garante que o usuário "db_user" mantenha apenas os privilégios essenciais.

Monitoramento de Usuários Ativos

O monitoramento regular dos usuários ativos e suas atividades é essencial para detectar acessos suspeitos. Para listar conexões ativas no PostgreSQL:

sql

```
SELECT * FROM pg_stat_activity;
```

O desligamento de sessões inativas reduz o risco de exploração de sessões abertas:

sql

```
SELECT pg_terminate_backend(pid)
FROM pg_stat_activity
WHERE state = 'idle' AND now() - state_change > interval '10
minutes';
```

Melhorando a Segurança com Práticas Atualizadas

A segurança do banco de dados deve ser continuamente aprimorada para acompanhar as ameaças em constante evolução. Isso inclui manter os sistemas atualizados, implementar backups regulares e monitorar logs de auditoria.

Atualizações Regulares

A instalação de patches e atualizações é fundamental para corrigir vulnerabilidades conhecidas. Bancos de dados modernos, como PostgreSQL e SQL Server, fornecem ferramentas para automatizar esse processo. Garantir que todas as dependências estejam atualizadas também reduz as superfícies de ataque.

Backup e Recuperação

Um plano robusto de backup protege os dados contra falhas e ataques, como ransomware. Para criar backups automáticos no MySQL:

bash

```bash
mysqldump -u root -p my_database > my_database_backup.sql
```

O backup deve ser armazenado em locais seguros, preferencialmente fora do ambiente de produção, e testado regularmente para garantir sua integridade.

Auditoria e Monitoramento

As auditorias ajudam a identificar e investigar atividades suspeitas. No SQL Server, habilitar a auditoria para rastrear alterações em tabelas críticas:

sql

```sql
CREATE SERVER AUDIT Audit_Log
TO FILE (FILEPATH = 'C:\\AuditLogs\\');

CREATE DATABASE AUDIT SPECIFICATION Audit_Tables
FOR SERVER AUDIT Audit_Log
ADD (UPDATE ON dbo.critical_table BY dbo),
ADD (DELETE ON dbo.critical_table BY dbo);

ALTER SERVER AUDIT Audit_Log WITH (STATE = ON);
```

Analisar logs de auditoria regularmente permite identificar comportamentos incomuns e agir rapidamente em resposta a potenciais ameaças.

Segmentação de Dados

A segmentação de dados limita o acesso a informações confidenciais apenas a usuários autorizados. No SQL Server, configurar mascaramento de dados dinâmico:

sql

```sql
CREATE TABLE customer_data (
    customer_id INT PRIMARY KEY,
    email NVARCHAR(100) MASKED WITH (FUNCTION =
'email()'),
    ssn CHAR(11) MASKED WITH (FUNCTION = 'default()')
);
```

Isso garante que informações sensíveis, como endereços de e-mail e números de seguridade social, sejam protegidas durante o acesso.

Controle de Acesso Baseado em Função (RBAC)

RBAC associa permissões a funções específicas, alinhando privilégios às responsabilidades do usuário. Em um sistema que gerencia vendas, funções podem ser definidas como "Admin", "Sales_Manager" e "Sales_Rep". No MySQL:

sql

```sql
CREATE ROLE Sales_Rep;
GRANT SELECT ON sales TO Sales_Rep;

CREATE ROLE Sales_Manager;
GRANT SELECT, INSERT, UPDATE ON sales TO Sales_Manager;
```

Assim, garante-se que cada nível de usuário tenha acesso estritamente necessário para executar suas funções.

Segurança física e ambiental

Proteger o ambiente físico onde os servidores estão localizados é tão importante quanto a segurança digital. Restrições de acesso físico, vigilância e controles ambientais reduzem riscos como roubo e danos por fatores externos.

Exercícios Práticos e Casos de Uso

Para consolidar os conceitos, implementar um sistema de controle de acesso para uma aplicação fictícia que gerencia registros de estudantes. Criar um banco de dados "school" com tabelas para "students", "teachers" e "grades":

sql

```sql
CREATE DATABASE school;

CREATE TABLE students (
    student_id INT AUTO_INCREMENT PRIMARY KEY,
    name VARCHAR(100),
    email VARCHAR(100) UNIQUE,
    enrollment_date DATE
);

CREATE TABLE teachers (
    teacher_id INT AUTO_INCREMENT PRIMARY KEY,
    name VARCHAR(100),
    subject VARCHAR(50)
);

CREATE TABLE grades (
    grade_id INT AUTO_INCREMENT PRIMARY KEY,
    student_id INT,
    teacher_id INT,
```

```
    grade CHAR(1),
    FOREIGN KEY (student_id) REFERENCES
students(student_id),
    FOREIGN KEY (teacher_id) REFERENCES
teachers(teacher_id)
);
```

Criar um usuário "teacher_user" com permissões restritas para visualizar e inserir notas:

sql

```
CREATE USER 'teacher_user'@'localhost' IDENTIFIED BY
'Teach3rP@ss!';
GRANT SELECT, INSERT ON school.grades TO
'teacher_user'@'localhost';
```

Para auditar todas as alterações na tabela "grades", criar um log de auditoria:

sql

```
CREATE TABLE grade_audit (
    audit_id INT AUTO_INCREMENT PRIMARY KEY,
    grade_id INT,
    old_grade CHAR(1),
    new_grade CHAR(1),
    modified_by VARCHAR(100),
    modified_at TIMESTAMP DEFAULT CURRENT_TIMESTAMP
);

CREATE TRIGGER AfterGradeUpdate
AFTER UPDATE ON grades
FOR EACH ROW
BEGIN
    INSERT INTO grade_audit (grade_id, old_grade, new_grade,
modified_by)
```

```
    VALUES (OLD.grade_id, OLD.grade, NEW.grade, USER());
END;
```

Assim, garante-se a rastreabilidade de alterações e promove a transparência no sistema.

A segurança de bancos de dados é uma responsabilidade contínua que combina controle técnico e boas práticas organizacionais. Implementar autenticação robusta, gerenciar permissões com rigor e monitorar o sistema regularmente são passos fundamentais para proteger informações críticas. Quando combinadas com tecnologias modernas e uma postura proativa, essas práticas garantem a integridade e a confiabilidade dos dados em qualquer ambiente.

CAPÍTULO 12. BACKUP E RECUPERAÇÃO DE DADOS

O backup e a recuperação de dados são práticas fundamentais para garantir a integridade e a continuidade dos sistemas de informação. Com a crescente dependência de dados em todas as indústrias, proteger informações contra falhas, ataques ou acidentes tornou-se uma prioridade. Entender os tipos de backups, suas aplicações e estratégias de recuperação eficazes é essencial para manter a resiliência do banco de dados.

Tipos de Backups

Os backups podem ser classificados em diferentes tipos, cada um adequado a cenários específicos. Escolher o tipo correto de backup depende do tamanho do banco de dados, da frequência de alterações e das exigências de recuperação.

Backup Completo

Um backup completo copia todos os dados do banco de dados e seus metadados associados. Ele serve como a base para outros tipos de backups e é essencial para restaurar todo o sistema. Embora consuma mais tempo e espaço de armazenamento, sua abrangência garante a confiabilidade.

Criar um backup completo no MySQL utilizando o mysqldump:

bash

```
mysqldump -u root -p my_database >
my_database_full_backup.sql
```

Esse backup salva todas as tabelas, dados e estruturas do banco de dados em um único arquivo.

No SQL Server, realizar um backup completo usando o T-SQL:

sql

```
BACKUP DATABASE my_database
TO DISK = 'C:\backups\my_database_full.bak'
WITH FORMAT, NAME = 'Full Backup';
```

Backups completos são recomendados em intervalos regulares, como semanalmente, e sempre antes de grandes mudanças estruturais.

Backup Incremental

Um backup incremental salva apenas os dados que foram alterados ou adicionados desde o último backup, seja ele completo ou incremental. Ele é mais rápido e consome menos espaço, mas exige que todos os backups incrementais anteriores sejam restaurados em sequência para recuperar o estado completo do banco de dados.

No PostgreSQL, configurar backups incrementais com a ferramenta pg_basebackup em combinação com logs de transações:

bash

```
pg_basebackup -D /var/lib/postgresql/incremental_backup -Fp -Xs -P
```

Os backups incrementais são ideais para ambientes onde alterações são frequentes, como sistemas de comércio eletrônico.

Backup Diferencial

Um backup diferencial armazena todas as alterações feitas desde o último backup completo. Ele requer mais espaço do que backups incrementais, mas sua restauração é mais rápida, já que apenas o backup completo e o diferencial mais recente são necessários.

No SQL Server, realizar um backup diferencial:

sql

```sql
BACKUP DATABASE my_database
TO DISK = 'C:\backups\my_database_diff.bak'
WITH DIFFERENTIAL, NAME = 'Differential Backup';
```

Os backups diferenciais são úteis em situações onde a recuperação precisa ser rápida, como sistemas críticos de negócios.

Backup de Logs de Transação

Os backups de logs de transação capturam as alterações registradas nos logs do banco de dados, permitindo uma recuperação ponto a ponto. Essa abordagem é indispensável para bancos de dados que exigem alta disponibilidade e integridade.

No SQL Server, criar um backup de log de transação:

sql

```sql
BACKUP LOG my_database
TO DISK = 'C:\backups\my_database_log.trn'
WITH NO_TRUNCATE;
```

Os logs de transação são usados em conjunto com backups completos e diferenciais para recuperar bancos de dados até o momento exato antes de uma falha.

Backup em Nuvem

Os backups em nuvem oferecem uma solução escalável e confiável, armazenando dados em locais geograficamente distribuídos. Serviços como Amazon RDS, Azure Database e Google Cloud SQL integram recursos de backup automatizados.

Configurar backups automáticos no Amazon RDS:

bash

```
aws rds modify-db-instance \
    --db-instance-identifier mydbinstance \
    --backup-retention-period 7
```

Os backups em nuvem são ideais para empresas que buscam minimizar a complexidade da gestão de infraestrutura.

Estratégias de Recuperação para Diferentes Cenários de Falha

As estratégias de recuperação dependem do tipo de falha enfrentada, seja ela causada por erro humano, corrupção de dados, falhas de hardware ou ataques cibernéticos. Estabelecer planos claros e testados é essencial para minimizar o tempo de inatividade.

Recuperação após Falha de Hardware

A falha de hardware, como discos rígidos danificados, pode resultar na perda de dados em armazenamento local. Para mitigar riscos, manter backups completos em locais diferentes, como servidores de backup dedicados ou armazenamento em nuvem.

Restaurar um backup completo no MySQL:

bash

```
mysql -u root -p my_database < my_database_full_backup.sql
```

Para bancos de dados maiores, considerar a replicação em tempo real para minimizar a perda de dados:

sql

```
CHANGE MASTER TO MASTER_HOST='192.168.1.100',
MASTER_USER='replica_user',
MASTER_PASSWORD='securepassword',
MASTER_LOG_FILE='mysql-bin.000001',
MASTER_LOG_POS=120;
START SLAVE;
```

Recuperação após Erro Humano

Erros humanos, como exclusões acidentais, podem ser revertidos utilizando backups e logs de transação. Para restaurar uma tabela excluída no SQL Server:

1. Restaurar o backup completo em um banco temporário.
2. Exportar a tabela perdida e importá-la de volta ao banco original:

sql

```
RESTORE DATABASE temp_db
FROM DISK = 'C:\backups\my_database_full.bak'
WITH MOVE 'MyDatabase_Data' TO 'C:\temp\temp_db.mdf',
MOVE 'MyDatabase_Log' TO 'C:\temp\temp_db.ldf';

SELECT * INTO original_table FROM
temp_db.dbo.original_table;
```

APRENDA SQL - EDIÇÃO 2025

Recuperação após Corrupção de Dados

A corrupção de dados pode ser causada por bugs no software ou falhas de energia. Ferramentas nativas, como o CHECKDB no SQL Server, ajudam a identificar e corrigir problemas:

sql

```sql
DBCC CHECKDB ('my_database') WITH ALL_ERRORMSGS,
NO_INFOMSGS;
```

Se a corrupção não puder ser corrigida, restaurar o backup mais recente:

sql

```sql
RESTORE DATABASE my_database
FROM DISK = 'C:\backups\my_database_full.bak'
WITH NORECOVERY;
```

Recuperação após Ataque Cibernético

Os ataques cibernéticos, como ransomware, exigem uma estratégia de recuperação robusta. Manter backups offline e protegidos garante a capacidade de restaurar os dados sem pagar resgates.

Isolar o sistema infectado e iniciar a restauração a partir de um backup limpo:

bash

```bash
mysql -u root -p new_database < clean_backup.sql
```

A configuração de políticas de acesso restrito e autenticação multifator ajuda a prevenir ataques futuros.

Demonstrações com Ferramentas Populares

Ferramentas modernas simplificam a gestão de backups e recuperações, proporcionando interfaces amigáveis e automação.

pgAdmin para PostgreSQL

No pgAdmin, configurar backups completos e incrementais é simples. Para criar um backup:

1. Acesse o menu de contexto do banco de dados e escolha "Backup".
2. Configure o tipo de backup (Completo, Incremental ou Diferencial).
3. Salve o arquivo em um local seguro.

Para restaurar um backup:

1. Escolha "Restore" no menu de contexto.
2. Selecione o arquivo de backup e configure as opções de restauração.

SQL Server Management Studio (SSMS)

O SSMS oferece um assistente intuitivo para criar backups e restaurar bancos de dados. No painel "Tasks", escolha "Back Up" ou "Restore Database" e siga as instruções.

AWS Backup

A AWS fornece automação para backups de bancos de dados RDS. Configurar um plano de backup diário:

1. Acesse o painel do RDS e habilite a retenção de backups.

2. Configure um horário para os backups automáticos.

Para restaurar, escolha "Restore Snapshot" no painel e selecione o ponto de recuperação desejado.

Práticas recomendadas para backup e recuperação:

1. **Teste de backups regularmente**: Restaurar backups periodicamente garante que os dados sejam recuperáveis e consistentes.
2. **Automatização**: Configurar agendamentos de backup reduz a dependência de processos manuais e minimiza a chance de erro humano.
3. **Rotação de backups**: Implementar políticas de retenção, como "avô-pai-filho", equilibra o uso de armazenamento e a necessidade de recuperação.
4. **Criptografia**: Proteger backups com criptografia impede acessos não autorizados.
5. **Documentação**: Manter um plano claro e detalhado de recuperação garante uma resposta rápida a incidentes.

Os backups são a linha de defesa mais confiável contra a perda de dados, enquanto estratégias eficazes de recuperação asseguram a continuidade dos negócios. Com a prática e o uso de ferramentas modernas, a gestão de backups torna-se uma operação eficiente e essencial para a proteção de dados.

CAPÍTULO 13. OTIMIZANDO CONSULTAS PARA MELHOR DESEMPENHO

A otimização de consultas é um aspecto fundamental no gerenciamento de bancos de dados, garantindo eficiência na recuperação de informações e minimizando o impacto no desempenho geral do sistema. Com o aumento exponencial de dados em aplicações modernas, consultas SQL otimizadas são essenciais para evitar gargalos e atender às demandas de sistemas de alta performance.

O Papel dos Índices na Performance do SQL

Os índices são estruturas que melhoram significativamente a velocidade das operações de consulta em bancos de dados. Eles funcionam como índices em um livro, permitindo localizar informações rapidamente sem a necessidade de percorrer todos os registros.

Tipos de índices e quando utilizá-los

- **Índice padrão (B-Tree)**: É o tipo de índice mais comum, usado para pesquisas baseadas em igualdade ou intervalos. Ideal para colunas frequentemente usadas em filtros e junções.

sql

```
CREATE INDEX idx_employee_name ON employees (last_name);
```

Esse índice acelera consultas que filtram ou ordenam registros pela coluna last_name.

- **Índice único**: Garante que os valores em uma coluna sejam únicos, melhorando a integridade dos dados.

sql

CREATE UNIQUE INDEX idx_email ON customers (email);

Evita duplicações na coluna email.

- **Índice de texto completo**: É utilizado para pesquisas de texto em colunas grandes, como descrições ou documentos.

sql

CREATE FULLTEXT INDEX idx_description ON products (description);

Melhora pesquisas que utilizam palavras-chave em campos de texto extensos.

- **Índice composto**: Contém mais de uma coluna, útil para consultas que combinam filtros em várias colunas.

sql

CREATE INDEX idx_multi_col ON orders (customer_id, order_date);

Beneficia consultas que filtram por customer_id e ordenam por order_date.

Quando Evitar Índices

Embora os índices melhorem o desempenho de consultas, eles aumentam o tempo de gravação e consomem espaço adicional. Evitar criar índices em colunas raramente utilizadas em filtros ou com alta cardinalidade (valores altamente repetidos) é essencial para evitar sobrecarga.

Identificação de Gargalos e Soluções Práticas

Antes de otimizar consultas, é fundamental identificar os gargalos no desempenho. As ferramentas de análise de consultas fornecem insights sobre como as consultas interagem com o banco de dados e onde ocorrem os atrasos.

Uso de EXPLAIN

O comando EXPLAIN ou EXPLAIN PLAN detalha como o banco de dados executa uma consulta, identificando o uso de índices e o custo relativo das operações.

sql

```
EXPLAIN SELECT * FROM employees WHERE department_id = 10;
```

Os resultados mostram como a tabela é acessada (varredura completa ou uso de índice), permitindo ajustes na consulta ou na estrutura do banco.

Redução de Varreduras

Varreduras completas de tabela (full table scans) ocorrem quando o banco de dados analisa todos os registros para encontrar os resultados desejados. Elas podem ser minimizadas com a criação de índices adequados ou ajustes nas condições WHERE.

Consulta ineficiente:

sql

```
SELECT * FROM employees WHERE LOWER(last_name) =
```

'smith';

Essa consulta força uma varredura completa, pois o uso da função LOWER impede o aproveitamento de índices. Para resolver:

sql

```
SELECT * FROM employees WHERE last_name = 'Smith';
```

Ou ajustar o índice para suportar pesquisas insensíveis a maiúsculas e minúsculas:

sql

```
CREATE INDEX idx_lower_last_name ON employees
((LOWER(last_name)));
```

Evitar Consultas não Seletivas

Consultas que retornam uma grande proporção de registros tornam índices menos eficazes. Filtrar por colunas mais seletivas reduz o volume de dados processados.

Consulta ineficiente:

sql

```
SELECT * FROM employees WHERE is_active = 1;
```

Se a maioria dos registros tiver is_active = 1, o índice será menos útil. Melhorar a seletividade combinando filtros:

sql

```
SELECT * FROM employees WHERE is_active = 1 AND
department_id = 10;
```

Divisão de Consultas Complexas

Consultas complexas com múltiplas junções ou subconsultas podem ser divididas em etapas menores para melhorar a clareza e o desempenho.

Consulta complexa:

sql

```
SELECT e.name, d.department_name, SUM(s.salary) AS total_salary
FROM employees e
JOIN departments d ON e.department_id = d.department_id
JOIN salaries s ON e.employee_id = s.employee_id
WHERE d.location = 'New York'
GROUP BY e.name, d.department_name;
```

Dividindo em etapas:

1. Criar uma consulta intermediária para calcular os salários:

sql

```
CREATE TEMPORARY TABLE temp_salaries AS
SELECT employee_id, SUM(salary) AS total_salary
FROM salaries
GROUP BY employee_id;
```

2. Usar a tabela temporária na consulta principal:

sql

```
SELECT e.name, d.department_name, ts.total_salary
FROM employees e
JOIN departments d ON e.department_id = d.department_id
JOIN temp_salaries ts ON e.employee_id = ts.employee_id
WHERE d.location = 'New York';
```

Tal abordagem melhora a reutilização de resultados intermediários.

Exemplos de Otimização de Queries

Consulta básica otimizada:

Para listar todos os clientes com pedidos acima de $1000, garantindo que os índices sejam utilizados:

sql

```
CREATE INDEX idx_order_amount ON orders (total_amount);
```

```
SELECT c.name, o.total_amount
FROM customers c
JOIN orders o ON c.customer_id = o.customer_id
WHERE o.total_amount > 1000;
```

O índice na coluna total_amount acelera a recuperação de registros relevantes.

Consulta com agregação otimizada:

Para calcular a média de salários por departamento:

Consulta inicial:

sql

```sql
SELECT department_id, AVG(salary)
FROM employees
GROUP BY department_id;
```

Otimização com índice:

sql

```sql
CREATE INDEX idx_department_salary ON employees
(department_id, salary);
```

```sql
SELECT department_id, AVG(salary)
FROM employees
GROUP BY department_id;
```

O índice composto acelera tanto o agrupamento quanto o cálculo da média.

Consulta com junção e filtragem:

Para listar os produtos mais vendidos por categoria:

Consulta inicial:

sql

```sql
SELECT p.category, p.product_name, SUM(o.quantity) AS total_sold
FROM products p
JOIN order_details o ON p.product_id = o.product_id
GROUP BY p.category, p.product_name
ORDER BY total_sold DESC;
```

Otimização:

    1. Criar índices para suportar junção e filtragem:

sql

```
CREATE INDEX idx_product_id ON products (product_id);
CREATE INDEX idx_order_details_product ON order_details
(product_id, quantity);
```

    2. Refinar a consulta:

sql

```
SELECT p.category, p.product_name, SUM(o.quantity) AS
total_sold
FROM products p
JOIN order_details o ON p.product_id = o.product_id
WHERE o.quantity > 0
GROUP BY p.category, p.product_name
ORDER BY total_sold DESC;
```

A adição de índices e a remoção de registros irrelevantes tornam a consulta mais eficiente.

Consulta com partição:

Em grandes bancos de dados, a partição de tabelas melhora o desempenho ao dividir os dados em segmentos menores. Para uma tabela de vendas particionada por ano:

Criar a tabela particionada:

sql

```sql
CREATE TABLE sales (
    sale_id INT,
    sale_date DATE,
    amount DECIMAL(10, 2)
)
PARTITION BY RANGE (YEAR(sale_date)) (
    PARTITION p2022 VALUES LESS THAN (2023),
    PARTITION p2023 VALUES LESS THAN (2024)
);
```

Consulta otimizada para dados de 2023:

sql

```sql
SELECT SUM(amount) AS total_revenue
FROM sales
WHERE sale_date BETWEEN '2023-01-01' AND '2023-12-31';
```

A partição reduz o volume de dados analisados.

Otimizar consultas é uma prática essencial para manter a eficiência de bancos de dados em qualquer escala. Desde a criação de índices apropriados até a divisão de consultas complexas, cada técnica contribui para melhorar o desempenho. Com o uso combinado de ferramentas de análise e boas práticas de design, é possível maximizar a velocidade e a confiabilidade das operações SQL em ambientes modernos e exigentes.

CAPÍTULO 14. SQL EM AMBIENTES MULTIPLATAFORMA

O SQL desempenha um papel central no desenvolvimento de aplicações web e móveis, sendo a principal ferramenta para gerenciar e manipular dados em sistemas dinâmicos. Integrar SQL com APIs e frameworks populares, como Django e Node.js, permite criar soluções robustas e escaláveis. Este capítulo explora como o SQL se adapta a ambientes multiplataforma, abordando sua aplicação em diferentes cenários e apresentando práticas recomendadas para desenvolvedores.

Uso do SQL em Aplicações Web e Mobile

Em aplicações modernas, o SQL é usado para armazenar, recuperar e processar dados que suportam funcionalidades dinâmicas. Seja para autenticação de usuários, exibição de produtos ou processamento de pagamentos, o SQL atua como a ponte entre a aplicação e o banco de dados.

Arquitetura de Aplicações Baseadas em SQL

Em uma arquitetura típica de aplicação, o SQL é implementado no backend para interagir com o banco de dados. O frontend (interface do usuário) envia solicitações HTTP para o servidor, que processa essas solicitações e utiliza SQL para consultar ou manipular dados.

Estrutura básica:

1. **Frontend**: Aplicações web ou móveis construídas com tecnologias como React, Angular ou Swift.
2. **Backend**: Frameworks como Django (Python), Express

(Node.js) ou Flask gerenciam as solicitações e conectam-se ao banco de dados.

3. **Banco de Dados**: MySQL, PostgreSQL ou SQLite para armazenar os dados.

Banco de Dados Local vs. Remoto

Aplicações móveis frequentemente utilizam bancos de dados locais, como SQLite, para armazenamento offline e sincronização posterior com um banco remoto.

Para criar uma tabela em um banco de dados SQLite em um aplicativo móvel:

sql

```
CREATE TABLE users (
    id INTEGER PRIMARY KEY AUTOINCREMENT,
    name TEXT NOT NULL,
    email TEXT UNIQUE NOT NULL,
    password TEXT NOT NULL
);
```

Ao sincronizar os dados com um banco remoto, APIs REST ou GraphQL são usadas para enviar e receber informações. A API executa as operações SQL necessárias para garantir a consistência entre os dados locais e remotos.

Exemplos de Integração com APIs e Frameworks

A integração do SQL com frameworks de desenvolvimento é uma prática comum para construir APIs e serviços backend que interagem diretamente com bancos de dados.

Integração com Django:

Django é um framework web em Python que utiliza o ORM (Object-Relational Mapping) para interagir com bancos de dados. Embora o ORM abstraia a necessidade de escrever SQL diretamente, é possível executar consultas SQL personalizadas para necessidades específicas.

Criar um modelo em Django para gerenciar produtos:

python

```
from django.db import models

class Product(models.Model):
    name = models.CharField(max_length=100)
    price = models.DecimalField(max_digits=10,
decimal_places=2)
    stock = models.IntegerField()
```

Adicionar um registro usando o ORM:

python

```
Product.objects.create(name="Laptop", price=1500.00,
stock=10)
```

Executar uma consulta SQL personalizada:

python

```
from django.db import connection

def get_products_below_price(price):
    with connection.cursor() as cursor:
        cursor.execute("SELECT * FROM product WHERE price <
%s", [price])
        return cursor.fetchall()
```

Essa abordagem combina a flexibilidade do ORM com o controle detalhado proporcionado pelo SQL.

Integração com Node.js:

Node.js é amplamente utilizado para construir APIs RESTful

que interagem com bancos de dados SQL. A biblioteca mysql2 permite executar consultas SQL diretamente em Node.js.

Conectar-se a um banco de dados MySQL e criar uma tabela:

javascript

```javascript
const mysql = require('mysql2');

const connection = mysql.createConnection({
    host: 'localhost',
    user: 'root',
    password: 'password',
    database: 'ecommerce'
});

connection.query(`
    CREATE TABLE users (
        id INT AUTO_INCREMENT PRIMARY KEY,
        name VARCHAR(100),
        email VARCHAR(100) UNIQUE,
        password VARCHAR(100)
    )
`, (err, results) => {
    if (err) throw err;
    console.log("Table created:", results);
});
```

Inserir dados e recuperá-los com uma API REST:

javascript

```javascript
const express = require('express');
const app = express();

app.use(express.json());

app.post('/users', (req, res) => {
    const { name, email, password } = req.body;
```

```
connection.query(
    "INSERT INTO users (name, email, password) VALUES
(?, ?, ?)",
    [name, email, password],
    (err, results) => {
        if (err) return res.status(500).send(err);
        res.status(201).send({ id: results.insertId });
    }
);
});

app.get('/users', (req, res) => {
    connection.query("SELECT * FROM users", (err, results) => {
        if (err) return res.status(500).send(err);
        res.status(200).json(results);
    });
});

app.listen(3000, () => console.log("Server running on port
3000"));
```

Integração com APIs:

APIs RESTful ou GraphQL conectam aplicações web e móveis a bancos de dados, fornecendo uma camada intermediária que executa operações SQL.

Definir um endpoint em Flask para consultar produtos com base em uma categoria:

python

```python
from flask import Flask, request, jsonify
import sqlite3

app = Flask(__name__)
```

```python
@app.route('/products', methods=['GET'])
def get_products():
    category = request.args.get('category')
    connection = sqlite3.connect('ecommerce.db')
    cursor = connection.cursor()
    cursor.execute("SELECT * FROM products WHERE category
= ?", (category,))
    products = cursor.fetchall()
    connection.close()
    return jsonify(products)

if __name__ == '__main__':
    app.run(debug=True)
```

O endpoint processa a solicitação da aplicação, executa a consulta SQL e retorna os resultados em formato JSON.

Práticas Recomendadas para Desenvolvedores

A implementação eficaz de SQL em ambientes multiplataforma exige atenção a práticas que otimizam o desempenho, garantem a segurança e melhoram a escalabilidade.

Evitar SQL injection

As injeções de SQL são uma das vulnerabilidades mais comuns e perigosas. Utilizar consultas parametrizadas previne a execução de comandos maliciosos.

Consulta vulnerável:

javascript

```javascript
connection.query(`SELECT * FROM users WHERE email = '$
{email}' AND password = '${password}'`, (err, results) => {
    // ...
});
```

Consulta segura:

javascript

```javascript
connection.query("SELECT * FROM users WHERE email = ? AND password = ?", [email, password], (err, results) => {
    // ...
});
```

Implementar Validação de Dados

A validação rigorosa no lado do servidor reduz o risco de inserir dados incorretos ou perigosos no banco.

Exemplo em Django:

python

```python
from django.core.validators import EmailValidator

class UserForm(forms.Form):
    email = forms.EmailField(validators=[EmailValidator()])
    password = forms.CharField(max_length=100, widget=forms.PasswordInput)
```

Otimizar Consultas

Consultas mal projetadas podem impactar significativamente o desempenho. Indexar colunas frequentemente utilizadas em filtros ou junções é uma prática essencial.

Criar índices para otimizar consultas em uma tabela de pedidos:

sql

```sql
CREATE INDEX idx_order_date ON orders (order_date);
CREATE INDEX idx_customer_id ON orders (customer_id);
```

Gerenciar Conexões

Manter conexões abertas desnecessariamente pode levar à sobrecarga do banco de dados. Usar pools de conexões gerencia os recursos de forma eficiente.

Configurar um pool em Node.js:

javascript

```javascript
const pool = mysql.createPool({
    host: 'localhost',
    user: 'root',
    password: 'password',
    database: 'ecommerce',
    waitForConnections: true,
    connectionLimit: 10
});

pool.query("SELECT * FROM users", (err, results) => {
    // ...
});
```

Escalabilidade Horizontal

Ao lidar com grandes volumes de dados, a replicação ou particionamento do banco de dados melhora a escalabilidade. Configurar replicação no MySQL:

sql

```sql
CHANGE MASTER TO MASTER_HOST='master_host',
MASTER_USER='replica_user',
```

```
MASTER_PASSWORD='password', MASTER_LOG_FILE='mysql-
bin.000001', MASTER_LOG_POS=4;
START SLAVE;
```

SQL é a base para a construção de aplicações web e móveis modernas. Integrar consultas SQL com frameworks e APIs de forma segura e eficiente garante que os sistemas atendam às necessidades de desempenho e escalabilidade. Práticas recomendadas, como prevenção de SQL injection e otimização de consultas, são essenciais para o sucesso de aplicações multiplataforma.

CAPÍTULO 15. DADOS TEMPORAIS E HISTÓRICOS

A manipulação de dados temporais e históricos é uma habilidade essencial para realizar análises detalhadas, prever tendências e compreender mudanças ao longo do tempo. Bancos de dados relacionais fornecem suporte robusto para trabalhar com informações baseadas em datas e horas, permitindo a construção de consultas que extraem valor desses dados. Abordaremos nesta etapa, consultas em tabelas temporais, análise de dados históricos e exemplos práticos para identificar e interpretar tendências com SQL.

Consultas em Tabelas Temporais

Tabelas temporais são usadas para armazenar dados associados a períodos de tempo. Essas tabelas podem ser particionadas por intervalos de tempo ou configuradas para registrar alterações históricas automaticamente.

Estruturação de Tabelas Temporais

Uma tabela temporal pode incluir colunas para registrar informações como a data de criação ou modificação dos dados. Por exemplo, uma tabela para rastrear pedidos pode ser criada com colunas que registram o momento em que o pedido foi criado e atualizado:

sql

```sql
CREATE TABLE orders (
    order_id INT PRIMARY KEY,
    customer_id INT,
```

```
total_amount DECIMAL(10, 2),
created_at TIMESTAMP DEFAULT CURRENT_TIMESTAMP,
updated_at TIMESTAMP DEFAULT CURRENT_TIMESTAMP
ON UPDATE CURRENT_TIMESTAMP
);
```

Nessa tabela, as colunas created_at e updated_at são preenchidas automaticamente, garantindo que o histórico dos pedidos seja mantido.

Consultas com Base em Intervalos de Tempo

Para recuperar pedidos feitos nos últimos 30 dias:

sql

```
SELECT order_id, customer_id, total_amount, created_at
FROM orders
WHERE created_at >= NOW() - INTERVAL 30 DAY;
```

A consulta utiliza a função NOW() para calcular a data atual e filtra registros com base no intervalo desejado.

Para encontrar pedidos feitos em um mês específico, como janeiro de 2024:

sql

```
SELECT order_id, customer_id, total_amount
FROM orders
WHERE created_at BETWEEN '2024-01-01' AND '2024-01-31';
```

Filtrar registros por intervalos de tempo facilita a análise de padrões sazonais e eventos recorrentes.

Tabelas Temporais com Suporte a Versões

Tabelas temporais com suporte a versões permitem manter um histórico completo das alterações nos dados, essencial para auditorias e análises. No SQL Server, uma tabela temporal pode ser configurada da seguinte forma:

sql

```
CREATE TABLE employees (
    employee_id INT PRIMARY KEY,
    name NVARCHAR(100),
    position NVARCHAR(50),
    salary DECIMAL(10, 2),
    valid_from DATETIME2 GENERATED ALWAYS AS ROW
START,
    valid_to DATETIME2 GENERATED ALWAYS AS ROW END,
    PERIOD FOR SYSTEM_TIME (valid_from, valid_to)
) WITH (SYSTEM_VERSIONING = ON);
```

A tabela mantém versões dos registros automaticamente, armazenando cada alteração com informações de validade temporal.

Para consultar o histórico completo de um funcionário:

sql

```
SELECT employee_id, name, position, salary, valid_from,
valid_to
FROM employees
FOR SYSTEM_TIME ALL
WHERE employee_id = 1;
```

Tais tabelas são valiosas para rastrear mudanças em estruturas organizacionais, contratos ou políticas.

Análise de Dados Históricos com SQL

Os dados históricos permitem identificar tendências, prever resultados futuros e avaliar o impacto de eventos passados.

Operações de agregação, comparação e cálculos baseados em tempo são amplamente usadas para essas análises.

Calcular Tendências ao Longo do Tempo

Para calcular as vendas mensais em uma tabela de pedidos:

sql

```
SELECT DATE_FORMAT(created_at, '%Y-%m') AS month,
SUM(total_amount) AS monthly_sales
FROM orders
GROUP BY DATE_FORMAT(created_at, '%Y-%m')
ORDER BY month;
```

A consulta agrupa os dados por mês e calcula a soma das vendas, destacando flutuações sazonais.

Para comparar o desempenho de vendas entre dois períodos consecutivos:

sql

```
SELECT
    DATE_FORMAT(created_at, '%Y-%m') AS month,
    SUM(total_amount) AS monthly_sales,
    LAG(SUM(total_amount)) OVER (ORDER
BY DATE_FORMAT(created_at, '%Y-%m')) AS
previous_month_sales,
    SUM(total_amount) - LAG(SUM(total_amount)) OVER
(ORDER BY DATE_FORMAT(created_at, '%Y-%m')) AS
sales_difference
FROM orders
GROUP BY DATE_FORMAT(created_at, '%Y-%m')
ORDER BY month;
```

O uso da função LAG ajuda a calcular a diferença entre períodos, identificando tendências de crescimento ou declínio.

Análise de Ciclos de Vida

A análise de ciclos de vida de clientes é fundamental para avaliar retenção e engajamento. Para calcular o tempo médio entre o primeiro e o último pedido de cada cliente:

sql

```
SELECT customer_id,
    MIN(created_at) AS first_order,
    MAX(created_at) AS last_order,
    DATEDIFF(MAX(created_at), MIN(created_at)) AS
lifetime_days
FROM orders
GROUP BY customer_id;
```

Fornece insights sobre a duração do relacionamento dos clientes com a empresa.

Análises de Janelas de Tempo

As janelas de tempo permitem cálculos móveis, como médias móveis, acumulados e classificações. Para calcular a receita acumulada ao longo do tempo:

sql

```
SELECT created_at, total_amount,
    SUM(total_amount) OVER (ORDER BY created_at) AS
cumulative_sales
FROM orders
ORDER BY created_at;
```

O cálculo é útil para medir o progresso das vendas em um período específico.

Identificação de Picos e Anomalias

Para identificar os dias com maior volume de pedidos:

sql

```
SELECT DATE(created_at) AS order_date, COUNT(*) AS
total_orders
FROM orders
GROUP BY DATE(created_at)
ORDER BY total_orders DESC
LIMIT 10;
```

Analisar picos de atividade ajuda a entender padrões de demanda e alocar recursos de forma eficiente.

Exemplos Práticos para Análise de Tendências

Análise de vendas por região:

Para analisar as vendas totais por região ao longo de um ano:

sql

```
SELECT region, DATE_FORMAT(created_at, '%Y-%m') AS month,
SUM(total_amount) AS total_sales
FROM orders
GROUP BY region, DATE_FORMAT(created_at, '%Y-%m')
ORDER BY region, month;
```

A consulta fornece uma visão detalhada do desempenho regional, permitindo identificar áreas com maior ou menor crescimento.

Previsão de demanda:

Para prever a demanda futura com base em tendências históricas, calcular médias móveis:

sql

```
SELECT DATE_FORMAT(created_at, '%Y-%m') AS month,
       SUM(total_amount) AS monthly_sales,
       AVG(SUM(total_amount)) OVER (ORDER BY
```

```
DATE_FORMAT(created_at, '%Y-%m') ROWS BETWEEN 2
PRECEDING AND CURRENT ROW) AS moving_average
FROM orders
GROUP BY DATE_FORMAT(created_at, '%Y-%m')
ORDER BY month;
```

Suaviza flutuações, facilitando a previsão de vendas em períodos subsequentes.

Rastreamento de mudanças nos preços:

Para rastrear alterações nos preços de produtos ao longo do tempo:

sql

```
SELECT product_id, price, valid_from, valid_to
FROM products
FOR SYSTEM_TIME ALL
WHERE product_id = 101;
```

Permite analisar o impacto de ajustes de preço no desempenho das vendas.

Análise de churn de clientes:

Para identificar clientes que não fizeram pedidos em um período recente:

sql

```
SELECT customer_id, MAX(created_at) AS last_order_date
FROM orders
GROUP BY customer_id
HAVING MAX(created_at) < NOW() - INTERVAL 6 MONTH;
```

Isso ajuda a identificar clientes inativos para campanhas de reativação.

Práticas recomendadas para trabalhar com dados temporais e históricos

1. **Armazenar dados com precisão:** Usar tipos de dados adequados, como TIMESTAMP ou DATETIME, garante que as informações temporais sejam precisas.
2. **Manter a integridade dos dados históricos:** Evitar sobrescrever dados históricos preserva o contexto necessário para análises detalhadas.
3. **Indexação temporal:** Criar índices em colunas de data melhora o desempenho de consultas baseadas em tempo.

sql

```sql
CREATE INDEX idx_created_at ON orders (created_at);
```

4. **Gerenciamento de partições:** Particionar tabelas grandes por tempo reduz a carga de consultas em grandes volumes de dados.

sql

```sql
ALTER TABLE orders PARTITION BY RANGE (YEAR(created_at))
(
    PARTITION p2023 VALUES LESS THAN (2024),
    PARTITION p2024 VALUES LESS THAN (2025)
);
```

5. **Auditoria e conformidade:** Manter históricos completos e acessíveis atende a requisitos legais e facilita auditorias.

SQL fornece ferramentas poderosas para trabalhar com dados

temporais e históricos, possibilitando análises detalhadas e insights valiosos. A prática consistente e a aplicação de boas práticas asseguram que as análises sejam precisas, rápidas e impactantes em qualquer cenário.

CAPÍTULO 16. PROCESSAMENTO DE BIG DATA COM SQL

O SQL evoluiu significativamente ao longo dos anos para atender às demandas de análise e manipulação de grandes volumes de dados. Ferramentas como Hive e Spark SQL, que integram SQL ao ecossistema de Big Data, permitem processar e analisar dados massivos de maneira escalável e eficiente. Este capítulo aborda o papel do SQL no contexto de Big Data, as diferenças em relação ao SQL convencional e apresenta casos práticos de análise de grandes volumes de dados.

SQL no Contexto de Plataformas como Hive e Spark SQL

O SQL continua sendo a linguagem preferida para manipulação de dados em plataformas de Big Data devido à sua simplicidade e expressividade. No entanto, sua aplicação em ambientes de grande escala exige adaptações e integrações específicas.

Apache Hive:

O Apache Hive é uma plataforma baseada em Hadoop que oferece uma interface SQL para consultas em dados armazenados no HDFS (Hadoop Distributed File System). Ele é amplamente utilizado para tarefas de ETL (extração, transformação e carregamento) e relatórios em ambientes de Big Data.

Criar uma tabela em Hive para armazenar dados de vendas:

sql

```
CREATE TABLE sales (
    sale_id BIGINT,
```

```
    product_id BIGINT,
    quantity INT,
    price DECIMAL(10, 2),
    sale_date STRING
)
STORED AS PARQUET;
```

A tabela criada utiliza o formato Parquet, ideal para processamento em larga escala devido à sua eficiência de compactação e leitura.

Carregar dados na tabela:

sql

```
LOAD DATA INPATH '/data/sales_data.csv' INTO TABLE sales;
```

Executar uma consulta para calcular a receita total por produto:

sql

```
SELECT product_id, SUM(quantity * price) AS total_revenue
FROM sales
GROUP BY product_id;
```

Hive converte essa consulta SQL em tarefas MapReduce ou Tez, que processam os dados em paralelo no cluster Hadoop.

Apache Spark SQL:

Spark SQL é um módulo do Apache Spark que permite executar consultas SQL em dados armazenados em diferentes formatos, como JSON, Parquet ou ORC. Ele suporta operações interativas e oferece desempenho superior ao Hive devido ao uso de um mecanismo de execução baseado em memória.

Definir um DataFrame em Spark SQL e registrá-lo como uma tabela temporária:

python

```python
from pyspark.sql import SparkSession

spark = SparkSession.builder.appName("Big Data
SQL").getOrCreate()

# Carregar dados de um arquivo Parquet
df = spark.read.parquet("/data/sales_data.parquet")

# Registrar como tabela temporária
df.createOrReplaceTempView("sales")
```

Executar uma consulta SQL para calcular a receita total por mês:

python

```python
monthly_revenue = spark.sql("""
    SELECT MONTH(sale_date) AS sale_month, SUM(quantity *
price) AS total_revenue
    FROM sales
    GROUP BY MONTH(sale_date)
    ORDER BY sale_month
""")
monthly_revenue.show()
```

Spark SQL otimiza automaticamente a consulta usando o Catalyst Optimizer, garantindo alto desempenho.

SQL Convencional vs. SQL para Big Data

O SQL aplicado ao Big Data apresenta diferenças importantes em relação ao SQL tradicional usado em bancos de dados relacionais.

Escalabilidade

Enquanto o SQL convencional é projetado para bancos de dados que geralmente operam em servidores únicos, o SQL para Big Data é otimizado para processar petabytes de dados distribuídos em clusters. Ferramentas como Hive e Spark SQL utilizam estratégias de processamento paralelo para lidar com grandes volumes de informações.

Suporte a Formatos de Dados Diversos

No contexto de Big Data, os dados podem estar em diversos formatos, como JSON, Avro, ORC, Parquet ou CSV. O SQL tradicional geralmente suporta apenas formatos tabulares, enquanto o SQL para Big Data oferece suporte nativo a uma ampla gama de formatos.

Latência

O SQL convencional é projetado para oferecer respostas rápidas, enquanto o SQL para Big Data prioriza o processamento em lote, o que pode resultar em maior latência. No entanto, ferramentas como Spark SQL combinam processamento em lote e interativo para atender a diferentes necessidades.

Conceito de Esquemas

Bancos de dados relacionais exigem esquemas fixos e bem definidos, enquanto o SQL para Big Data pode operar com esquemas dinâmicos ou ser "schema-on-read", onde o esquema é aplicado durante a leitura dos dados.

Operações Específicas

O SQL para Big Data suporta operações específicas, como particionamento, compactação e paralelização, que não são necessárias em bancos de dados relacionais. Por exemplo, em Hive, tabelas podem ser particionadas por colunas:

sql

```
CREATE TABLE sales_partitioned (
    sale_id BIGINT,
    product_id BIGINT,
    quantity INT,
    price DECIMAL(10, 2)
)
```

```
PARTITIONED BY (sale_date STRING)
STORED AS PARQUET;
```

O particionamento melhora significativamente o desempenho de consultas que filtram por sale_date.

Análise de Grandes Volumes de Dados

Análise de vendas em larga escala:

Em uma tabela contendo bilhões de registros de vendas, calcular as vendas totais por região:

sql

```sql
SELECT region, SUM(quantity * price) AS total_revenue
FROM sales
GROUP BY region
ORDER BY total_revenue DESC;
```

Usar Hive para particionar os dados por região reduz o volume de dados processados:

sql

```sql
CREATE TABLE sales_by_region (
    sale_id BIGINT,
    product_id BIGINT,
    quantity INT,
    price DECIMAL(10, 2)
)
PARTITIONED BY (region STRING)
STORED AS ORC;
```

Detecção de anomalias em transações:

Identificar produtos com vendas atípicas, utilizando Spark SQL para detectar desvios padrão:

python

```
anomaly_detection = spark.sql("""
    SELECT product_id, AVG(quantity) AS avg_quantity,
STDDEV(quantity) AS stddev_quantity
    FROM sales
    GROUP BY product_id
    HAVING STDDEV(quantity) > 2 * AVG(quantity)
""")
anomaly_detection.show()
```

A análise ajuda a identificar padrões incomuns que podem indicar problemas ou oportunidades.

Previsão de demanda com dados históricos:

Usar SQL para preparar dados de vendas históricas para um modelo de previsão de demanda:

sql

```
SELECT product_id, YEAR(sale_date) AS sale_year,
MONTH(sale_date) AS sale_month,
     SUM(quantity) AS total_quantity
FROM sales
GROUP BY product_id, YEAR(sale_date), MONTH(sale_date)
ORDER BY product_id, sale_year, sale_month;
```

Os resultados são exportados para ferramentas de machine learning para treinar modelos preditivos.

Análise de logs de eventos:

Logs de eventos gerados por aplicativos e armazenados em formato JSON podem ser analisados com Spark SQL. Carregar e consultar os logs:

python

```
logs = spark.read.json("/data/event_logs.json")
logs.createOrReplaceTempView("event_logs")

error_events = spark.sql("""
    SELECT event_type, COUNT(*) AS occurrences
    FROM event_logs
    WHERE event_type = 'ERROR'
    GROUP BY event_type
""")
error_events.show()
```

Aanálise ajuda a identificar e solucionar problemas de desempenho ou erros em sistemas complexos.

Práticas Recomendadas para SQL em Big Data

1. **Usar particionamento e compactação**: Particionar tabelas melhora a eficiência de consultas, enquanto compactar os dados reduz o armazenamento e acelera a leitura.

sql

```
CREATE TABLE sales_partitioned_compacted
STORED AS PARQUET
PARTITIONED BY (region STRING)
TBLPROPERTIES ('parquet.compression'='SNAPPY');
```

2. **Otimizar esquemas de dados**: Escolher o formato certo, como Parquet ou ORC, melhora o desempenho em consultas de leitura.
3. **Aproveitar recursos de paralelização**: Configurar o número adequado de nós e tarefas paralelas maximiza o uso do cluster.
4. **Monitorar e ajustar consultas**: Ferramentas como o Tez ou o Spark UI ajudam a identificar gargalos e

otimizar a execução.

5. **Automatizar pipelines de dados**: Integrar SQL com ferramentas como Apache Airflow permite gerenciar fluxos de trabalho de dados complexos.

SQL adaptado para Big Data permite lidar com volumes de dados antes considerados intransponíveis, fornecendo insights valiosos para empresas e organizações. Combinado com boas práticas e ferramentas modernas, ele se torna uma ferramenta poderosa para análises avançadas e processamento escalável.

CAPÍTULO 17. GERENCIANDO DADOS GEOESPACIAIS

A análise e o gerenciamento de dados geoespaciais estão se tornando indispensáveis em várias indústrias, incluindo logística, planejamento urbano, marketing e ciência ambiental. Bancos de dados modernos oferecem suporte a dados espaciais, permitindo consultas eficientes sobre localização e relações espaciais. Este capítulo aborda os conceitos de SQL aplicados a dados geoespaciais, exemplos práticos de queries relacionadas a mapas e localização, e ferramentas para visualização dos resultados.

Conceitos de SQL para Dados Espaciais

Dados geoespaciais representam informações sobre a localização e a forma de objetos no mundo real. Eles podem incluir pontos (coordenadas), linhas (rotas) e polígonos (áreas). O suporte a dados geoespaciais em SQL é implementado por meio de extensões como PostGIS no PostgreSQL, Spatial Extensions no MySQL e Spatial Data Types no SQL Server.

Tipos de Dados Espaciais

Os bancos de dados que suportam dados espaciais oferecem tipos específicos para armazenar essas informações:

1. **POINT**: Representa uma localização única usando coordenadas, como latitude e longitude.
2. **LINESTRING**: Representa uma linha ou rota composta por uma sequência de pontos.

3. **POLYGON**: Representa uma área fechada definida por uma sequência de pontos conectados.

Criar uma tabela com dados espaciais em PostGIS:

sql

```
CREATE TABLE locations (
    id SERIAL PRIMARY KEY,
    name VARCHAR(100),
    geom GEOMETRY(Point, 4326) -- 4326 é o código EPSG para
coordenadas geográficas (WGS 84)
);
```

Inserir um ponto representando uma localização específica:

sql

```
INSERT INTO locations (name, geom)
VALUES ('Central Park', ST_SetSRID(ST_MakePoint(-73.9654,
40.7829), 4326));
```

Operações Espaciais Básicas

As funções espaciais permitem realizar operações como calcular distâncias, determinar interseções e verificar relações espaciais.

Calcular a distância entre dois pontos:

sql

```
SELECT ST_Distance(
    ST_SetSRID(ST_MakePoint(-73.9654, 40.7829), 4326),
    ST_SetSRID(ST_MakePoint(-74.0060, 40.7128), 4326)
) AS distance;
```

Essa consulta calcula a distância entre o Central Park e o centro de Nova York em graus geográficos.

Verificar se um ponto está dentro de um polígono:

sql

```
SELECT ST_Within(
    ST_SetSRID(ST_MakePoint(-73.9654, 40.7829), 4326),
    ST_GeomFromText('POLYGON((-74.0 40.7, -73.9 40.7, -73.9
40.8, -74.0 40.8, -74.0 40.7))', 4326)
) AS is_within;
```

A consulta retorna TRUE se o ponto estiver dentro do polígono definido.

Índices Espaciais

Os índices espaciais melhoram significativamente o desempenho de consultas geoespaciais ao reduzir o número de comparações realizadas. No PostgreSQL com PostGIS, criar um índice espacial para a tabela locations:

sql

```
CREATE INDEX idx_locations_geom ON locations USING GIST
(geom);
```

O índice permite executar consultas espaciais, como proximidade, de maneira eficiente.

Exemplos de Queries para Mapas e Localização

As queries geoespaciais são usadas para resolver problemas do mundo real, como encontrar locais próximos, calcular rotas e analisar áreas geográficas.

Encontrar Locais Próximos

Para listar locais em um raio de 5 km de uma coordenada específica:

sql

```
SELECT name
FROM locations
WHERE ST_DWithin(
    geom,
    ST_SetSRID(ST_MakePoint(-73.9654, 40.7829), 4326),
    5000 / 111.32 -- Conversão de km para graus (aproximado)
);
```

Tal consulta retorna todos os locais a até 5 km do ponto especificado.

Identificar a Localização mais Próxima

Para encontrar o local mais próximo de uma coordenada:

sql

```
SELECT name, ST_Distance(geom,
ST_SetSRID(ST_MakePoint(-73.9654, 40.7829), 4326)) AS
distance
FROM locations
ORDER BY distance
LIMIT 1;
```

Ordena os locais pela distância ao ponto fornecido e retorna o mais próximo.

Calcular áreas de polígonos

Para calcular a área de um polígono em metros quadrados:

sql

```
SELECT ST_Area(ST_Transform(geom, 3857)) AS area_m2
FROM regions
WHERE id = 1;
```

Transforma o sistema de coordenadas para um plano métrico antes de calcular a área.

Criar Buffers Geoespaciais

Buffers são áreas em torno de pontos, linhas ou polígonos que podem ser usadas para análise de proximidade. Para criar um buffer de 1 km em torno de um ponto:

sql

```
SELECT ST_Buffer(ST_Transform(geom, 3857), 1000) AS
buffer_geom
FROM locations
WHERE id = 1;
```

O buffer resultante pode ser usado para identificar outros objetos dentro dessa área.

Interseções de Áreas

Para identificar regiões que se sobrepõem a um buffer:

sql

```
SELECT r.name
FROM regions r
JOIN locations l ON ST_Intersects(r.geom, ST_Buffer(l.geom,
0.01))
```

```
WHERE l.name = 'Central Park';
```

A consulta retorna todas as regiões que intersectam o buffer ao redor do Central Park.

Ferramentas Compatíveis para Visualização de Resultados

As consultas geoespaciais são mais eficazes quando os resultados podem ser visualizados. Ferramentas modernas integram-se a bancos de dados para exibir mapas e dados espaciais.

QGIS:

QGIS é um software de código aberto que permite visualizar dados espaciais armazenados em bancos de dados como PostGIS. Conectar o QGIS ao banco de dados:

1. Abrir o QGIS e criar uma nova conexão PostGIS.
2. Configurar as credenciais do banco e selecionar as tabelas desejadas.
3. Adicionar as camadas ao mapa para exibição.

Leaflet:

Leaflet é uma biblioteca JavaScript para criar mapas interativos na web. Integrar Leaflet com dados geoespaciais de um banco de dados:

javascript

```javascript
var map = L.map('map').setView([40.7829, -73.9654], 13);

L.tileLayer('https://{s}.tile.openstreetmap.org/{z}/{x}/
{y}.png').addTo(map);

fetch('/api/locations')
  .then(response => response.json())
```

```
.then(data => {
  data.forEach(location => {
    L.marker([location.lat, location.lng]).addTo(map)
    .bindPopup(location.name);
  });
});
```

O script exibe marcadores para cada local retornado de uma API que consulta o banco de dados.

Tableau:

Tableau é uma ferramenta de visualização que suporta dados geoespaciais. Importar dados de um banco de dados SQL para Tableau:

1. Conectar ao banco de dados.
2. Selecionar tabelas com colunas geoespaciais.
3. Criar visualizações interativas, como mapas de calor ou marcadores.

Práticas Recomendadas para Dados Geoespaciais

1. **Escolher o sistema de coordenadas correto**: Usar sistemas de coordenadas apropriados, como WGS 84 para dados globais ou projeções métricas para cálculos precisos.
2. **Criar índices espaciais**: Sempre configurar índices espaciais para melhorar o desempenho de consultas.

3. **Normalizar dados geoespaciais**: Evitar redundâncias ao armazenar dados relacionados a localização.
4. **Validar geometrias**: Garantir que os dados espaciais estejam corretos usando funções como ST_IsValid.

Gerenciar dados geoespaciais com SQL permite realizar análises avançadas e criar soluções baseadas em localização. O uso de ferramentas de visualização e práticas eficazes melhora a interpretação e a aplicação desses dados em projetos do mundo real.

CAPÍTULO 18. ESTUDOS DE CASO: RESOLVENDO PROBLEMAS COM SQL

SQL é uma ferramenta poderosa e versátil, amplamente utilizada para resolver problemas complexos em diversas indústrias. Este capítulo apresenta estudos de caso que demonstram como o SQL pode ser aplicado para enfrentar desafios em áreas como saúde, finanças e comércio. Por meio da análise detalhada de problemas reais, destacam-se práticas eficazes e lições que podem ser aplicadas no cotidiano de profissionais que trabalham com dados.

Estudo de Caso 1: Monitoramento de Pacientes em Tempo Real na Saúde

Cenário:

Um hospital deseja monitorar em tempo real os sinais vitais de pacientes internados na UTI. Os dados de frequência cardíaca, pressão arterial e níveis de oxigênio são coletados por dispositivos conectados e armazenados em uma tabela SQL.

Tabela de sinais vitais:

sql

```sql
CREATE TABLE vital_signs (
    patient_id INT,
    record_time TIMESTAMP,
```

```
    heart_rate INT,
    blood_pressure VARCHAR(7),
    oxygen_level DECIMAL(5, 2)
);
```

Problema:

Os médicos precisam de um sistema que alerte quando os sinais vitais de um paciente ultrapassam limites críticos.

Solução com SQL

Criar uma consulta para identificar pacientes com sinais vitais fora dos limites normais:

sql

```
SELECT patient_id, record_time, heart_rate, blood_pressure,
oxygen_level
FROM vital_signs
WHERE heart_rate NOT BETWEEN 60 AND 100
   OR blood_pressure NOT LIKE '120/80'
   OR oxygen_level < 95.0;
```

Essa consulta lista todos os pacientes cujos sinais vitais estão fora dos limites definidos.

Para configurar alertas em tempo real, uma trigger pode ser implementada:

sql

```
CREATE TRIGGER vital_signs_alert
AFTER INSERT ON vital_signs
FOR EACH ROW
BEGIN
    IF NEW.heart_rate < 60 OR NEW.heart_rate > 100 THEN
```

```
      SIGNAL SQLSTATE '45000' SET MESSAGE_TEXT = 'Heart
rate out of range';
   END IF;
   IF NEW.oxygen_level < 95.0 THEN
      SIGNAL SQLSTATE '45000' SET MESSAGE_TEXT = 'Oxygen
level critical';
   END IF;
END;
```

Lição:

O uso de SQL para monitorar dados em tempo real é eficiente e reduz a necessidade de verificações manuais. A criação de triggers automatiza ações e aumenta a segurança em sistemas críticos.

Estudo de Caso 2: Detecção de Fraudes em Transações Financeiras

Cenário:

Um banco deseja detectar transações suspeitas em tempo real para prevenir fraudes. Transações que excedem $10.000 ou ocorrem em locais distantes da localização habitual do cliente devem ser marcadas como suspeitas.

Tabela de transações:

sql

```
CREATE TABLE transactions (
    transaction_id INT PRIMARY KEY,
    customer_id INT,
```

```
    amount DECIMAL(10, 2),
    location VARCHAR(100),
    transaction_time TIMESTAMP
);
```

Problema:

Identificar rapidamente transações que atendam aos critérios de suspeita.

Solução com SQL:

Criar uma consulta para identificar transações que excedem $10.000:

sql

```
SELECT transaction_id, customer_id, amount, location,
transaction_time
FROM transactions
WHERE amount > 10000;
```

Adicionar um critério para transações em locais atípicos:

sql

```
SELECT t.transaction_id, t.customer_id, t.amount, t.location,
t.transaction_time
FROM transactions t
JOIN customer_locations cl ON t.customer_id = cl.customer_id
WHERE t.amount > 10000
    OR ST_Distance(
        ST_SetSRID(ST_MakePoint(cl.longitude, cl.latitude),
4326),
        ST_SetSRID(ST_MakePoint(t.longitude, t.latitude), 4326)
    ) > 100;
```

Para automatizar o processo, uma view pode ser criada:

sql

```
CREATE VIEW suspicious_transactions AS
SELECT transaction_id, customer_id, amount, location,
transaction_time
FROM transactions
WHERE amount > 10000
    OR location NOT IN (SELECT habitual_location FROM
customer_profiles);
```

Lição:

A detecção de fraudes com SQL é uma abordagem eficaz quando combinada com critérios claros e a integração de dados adicionais, como localizações habituais.

Estudo de Caso 3: Otimização de Inventário no Comércio

Cenário

Uma rede de supermercados quer otimizar a gestão de estoques, evitando tanto a falta quanto o excesso de produtos. Informações sobre vendas e estoques são armazenadas em tabelas separadas.

Tabelas relevantes:

Tabela de vendas:

sql

```
CREATE TABLE sales (
```

```
    sale_id INT PRIMARY KEY,
    product_id INT,
    quantity INT,
    sale_date DATE
);
```

Tabela de estoques:

sql

```
CREATE TABLE inventory (
    product_id INT PRIMARY KEY,
    stock_level INT,
    restock_threshold INT
);
```

Problema:

Identificar produtos com estoque abaixo do nível ideal e recomendar quantidades para reabastecimento.

Solução com SQL:

Consulta para listar produtos com necessidade de reabastecimento:

sql

```
SELECT i.product_id, i.stock_level, i.restock_threshold,
(i.restock_threshold - i.stock_level) AS restock_quantity
FROM inventory i
WHERE i.stock_level < i.restock_threshold;
```

Para incluir dados de vendas recentes na análise:

sql

```
SELECT i.product_id, i.stock_level, i.restock_threshold,
SUM(s.quantity) AS recent_sales
FROM inventory i
LEFT JOIN sales s ON i.product_id = s.product_id
WHERE s.sale_date >= CURDATE() - INTERVAL 30 DAY
GROUP BY i.product_id
HAVING i.stock_level < i.restock_threshold;
```

Automatizar alertas de reabastecimento com triggers:

sql

```
CREATE TRIGGER restock_alert
AFTER UPDATE ON inventory
FOR EACH ROW
BEGIN
    IF NEW.stock_level < NEW.restock_threshold THEN
        SIGNAL SQLSTATE '45000' SET MESSAGE_TEXT = 'Restock
needed';
    END IF;
END;
```

Lição:

Combinar dados de estoque e vendas permite decisões mais informadas. A automação com triggers facilita a identificação proativa de problemas no inventário.

Estudo de Caso 4: Análise de Tendências de Vendas no E-commerce

Cenário:

Uma empresa de e-commerce deseja entender tendências de vendas para ajustar estratégias de marketing e preços.

Tabela de vendas:

sql

```sql
CREATE TABLE ecom_sales (
    order_id INT PRIMARY KEY,
    product_id INT,
    category VARCHAR(50),
    quantity INT,
    sale_amount DECIMAL(10, 2),
    sale_date DATE
);
```

Problema:

Identificar categorias de produtos com maior crescimento de vendas e períodos de alta demanda.

Solução com SQL:

Calcular vendas totais por categoria e período:

sql

```sql
SELECT category, DATE_FORMAT(sale_date, '%Y-%m') AS
month, SUM(sale_amount) AS total_sales
FROM ecom_sales
GROUP BY category, DATE_FORMAT(sale_date, '%Y-%m')
ORDER BY category, month;
```

Identificar os produtos mais vendidos em cada categoria:

sql

```
SELECT category, product_id, SUM(quantity) AS total_quantity
FROM ecom_sales
GROUP BY category, product_id
ORDER BY category, total_quantity DESC;
```

Para calcular a média de vendas por mês e identificar sazonalidades:

sql

```
SELECT category, AVG(SUM(sale_amount)) OVER (PARTITION
BY category) AS avg_monthly_sales
FROM ecom_sales
GROUP BY category, DATE_FORMAT(sale_date, '%Y-%m');
```

Lição

SQL é uma ferramenta poderosa para identificar padrões e tendências em grandes volumes de dados. Consultas agregadas ajudam a entender o comportamento do mercado e planejar ações estratégicas.

Extração de Lições Aplicáveis ao Dia a Dia

1. **Estruturar dados de forma eficiente**: Modelar tabelas adequadas ao problema facilita a criação de consultas claras e performáticas.
2. **Automatizar sempre que possível**: Triggers, views e rotinas armazenadas reduzem a necessidade de intervenções manuais e aumentam a confiabilidade do sistema.
3. **Monitorar e ajustar índices**: A criação de índices bem projetados otimiza o desempenho de consultas

críticas.

4. **Integrar dados contextuais**: Combinar informações de diferentes fontes, como localizações, vendas e perfis de usuários, melhora a qualidade das análises.

5. **Validar e testar soluções**: Garantir que as consultas sejam precisas e atendam aos requisitos antes de aplicá-las em produção é essencial para evitar problemas.

O uso de SQL para resolver problemas em indústrias variadas demonstra sua versatilidade e importância em análises de dados e processos operacionais. As lições extraídas desses estudos de caso são aplicáveis em diversos contextos, ajudando profissionais a enfrentar desafios com confiança e eficácia.

CAPÍTULO 19. CONSTRUINDO PROJETOS DO MUNDO REAL

A aplicação prática do SQL em projetos do mundo real é uma habilidade essencial para qualquer profissional que lide com dados. Este capítulo explora como construir sistemas completos de gerenciamento de dados, com foco em projetos como uma aplicação de loja online e um sistema de inventário. Serão apresentados passos detalhados e práticas recomendadas para criar soluções funcionais, escaláveis e seguras.

Estruturação de um Sistema de Loja Online

Um sistema de loja online requer um banco de dados bem projetado para gerenciar produtos, clientes, pedidos e pagamentos. A seguir, são detalhados os componentes principais e as práticas necessárias para implementar esse sistema.

Modelagem do Banco de Dados

Criar um modelo de dados para armazenar informações essenciais:

- **Tabela de produtos**: Gerencia os detalhes de cada item disponível para venda.
- **Tabela de clientes**: Armazena informações sobre os compradores.

- **Tabela de pedidos**: Relaciona os clientes aos produtos comprados.

- **Tabela de pagamentos**: Registra os detalhes das

transações financeiras.

Estruturar as tabelas:

sql

```sql
CREATE TABLE products (
    product_id INT AUTO_INCREMENT PRIMARY KEY,
    name VARCHAR(100) NOT NULL,
    description TEXT,
    price DECIMAL(10, 2) NOT NULL,
    stock INT NOT NULL
);

CREATE TABLE customers (
    customer_id INT AUTO_INCREMENT PRIMARY KEY,
    name VARCHAR(100) NOT NULL,
    email VARCHAR(100) UNIQUE NOT NULL,
    address TEXT
);

CREATE TABLE orders (
    order_id INT AUTO_INCREMENT PRIMARY KEY,
    customer_id INT,
    order_date TIMESTAMP DEFAULT CURRENT_TIMESTAMP,
    total_amount DECIMAL(10, 2) NOT NULL,
    FOREIGN KEY (customer_id) REFERENCES
customers(customer_id)
);

CREATE TABLE payments (
    payment_id INT AUTO_INCREMENT PRIMARY KEY,
    order_id INT,
    payment_date TIMESTAMP DEFAULT
CURRENT_TIMESTAMP,
    amount DECIMAL(10, 2) NOT NULL,
```

```
payment_status ENUM('Pending', 'Completed', 'Failed'),
FOREIGN KEY (order_id) REFERENCES orders(order_id)
);
```

Funcionalidades Principais

1. Adicionar produtos ao catálogo:

sql

```
INSERT INTO products (name, description, price, stock)
VALUES ('Laptop', 'High-performance laptop', 1200.00, 50);
```

2. Registrar novos clientes:

sql

```
INSERT INTO customers (name, email, address)
VALUES ('John Doe', 'john.doe@example.com', '123 Main Street');
```

3. Processar um pedido:

Criar um novo pedido:

sql

```
INSERT INTO orders (customer_id, total_amount)
VALUES (1, 2400.00);
```

Atualizar o estoque:

sql

```
UPDATE products
SET stock = stock - 2
WHERE product_id = 1;
```

Registrar o pagamento:

sql

```
INSERT INTO payments (order_id, amount, payment_status)
VALUES (1, 2400.00, 'Completed');
```

Relatórios e Análises

Pedidos por cliente:

sql

```
SELECT c.name, o.order_id, o.order_date, o.total_amount
FROM customers c
JOIN orders o ON c.customer_id = o.customer_id;
```

Produtos com baixo estoque:

sql

```
SELECT name, stock
FROM products
WHERE stock < 10;
```

Práticas Recomendadas

- **Normalização**: Evitar redundância de dados separando informações relacionadas em tabelas distintas.

- **Índices**: Criar índices em colunas frequentemente usadas em filtros, como email em customers.

- **Segurança**: Utilizar consultas parametrizadas para prevenir SQL injection.

Implementando um Sistema de Inventário

Um sistema de inventário é essencial para monitorar níveis de estoque, registrar movimentações de entrada e saída e planejar reabastecimentos.

Estruturação do Banco de Dados

Criar as tabelas principais:

- **Tabela de estoque**: Armazena os níveis de cada produto.

- **Tabela de movimentações**: Registra as entradas e saídas de estoque.

Estruturar as tabelas:

sql

```sql
CREATE TABLE inventory (
    product_id INT AUTO_INCREMENT PRIMARY KEY,
    name VARCHAR(100) NOT NULL,
    stock INT NOT NULL,
    restock_threshold INT NOT NULL
);

CREATE TABLE inventory_movements (
    movement_id INT AUTO_INCREMENT PRIMARY KEY,
    product_id INT,
    movement_type ENUM('In', 'Out'),
    quantity INT NOT NULL,
    movement_date TIMESTAMP DEFAULT
CURRENT_TIMESTAMP,
```

```
    FOREIGN KEY (product_id) REFERENCES
inventory(product_id)
);
```

Funcionalidades Principais

1. Adicionar produtos ao inventário:

sql

```sql
INSERT INTO inventory (name, stock, restock_threshold)
VALUES ('Notebook', 100, 20);
```

2. Registrar movimentações:

Registrar uma entrada de estoque:

sql

```sql
INSERT INTO inventory_movements (product_id,
movement_type, quantity)
VALUES (1, 'In', 50);
```

Registrar uma saída de estoque:

sql

```sql
INSERT INTO inventory_movements (product_id,
movement_type, quantity)
VALUES (1, 'Out', 30);
```

Atualizar o nível de estoque:

sql

```sql
UPDATE inventory
SET stock = stock + 50
```

```
WHERE product_id = 1;
```

3. Identificar necessidades de reabastecimento:

sql

```
SELECT name, stock, restock_threshold
FROM inventory
WHERE stock < restock_threshold;
```

Relatórios e Análises

Movimentações recentes:

sql

```
SELECT im.movement_date, i.name, im.movement_type,
im.quantity
FROM inventory_movements im
JOIN inventory i ON im.product_id = i.product_id
ORDER BY im.movement_date DESC;
```

Estoque atual:

sql

```
SELECT name, stock
FROM inventory;
```

Práticas Recomendadas

- **Auditoria**: Manter registros completos de todas as

movimentações para rastrear alterações no estoque.

- **Automação**: Configurar triggers para atualizar automaticamente o estoque:

sql

```
CREATE TRIGGER update_stock_after_movement
AFTER INSERT ON inventory_movements
FOR EACH ROW
BEGIN
    IF NEW.movement_type = 'In' THEN
        UPDATE inventory
        SET stock = stock + NEW.quantity
        WHERE product_id = NEW.product_id;
    ELSEIF NEW.movement_type = 'Out' THEN
        UPDATE inventory
        SET stock = stock - NEW.quantity
        WHERE product_id = NEW.product_id;
    END IF;
END;
```

Passo a Passo com Práticas Detalhadas

Ao construir um sistema completo de gerenciamento de dados, seguir um fluxo organizado facilita a implementação e garante a funcionalidade.

Passo 1: Modelagem do banco de dados

Definir claramente as entidades, seus atributos e relacionamentos. Usar diagramas ER (Entidade-Relacionamento) para visualizar a estrutura.

Passo 2: Configuração do ambiente

Escolher a tecnologia adequada para o banco de dados (MySQL, PostgreSQL, SQL Server) e configurar o ambiente local ou na nuvem.

Passo 3: Implementação inicial

Criar as tabelas com os esquemas definidos e inserir dados de teste para validar a estrutura.

Passo 4: Desenvolvimento de funcionalidades

Implementar consultas SQL para as funcionalidades principais, como inserção, atualização e relatórios.

Passo 5: Otimização

- Criar índices em colunas frequentemente consultadas.

- Validar a eficiência das consultas usando ferramentas como EXPLAIN.

Passo 6: Testes

Testar o sistema com diferentes cenários e volumes de dados para garantir sua robustez e escalabilidade.

Passo 7: Documentação

Registrar as tabelas, consultas e processos implementados para facilitar futuras manutenções e melhorias.

A construção de sistemas completos com SQL envolve planejamento cuidadoso, modelagem eficiente e aplicação de práticas avançadas. Projetos como uma loja online e um sistema de inventário destacam a flexibilidade e o poder do SQL em atender a necessidades reais. Aplicar as etapas detalhadas e seguir as práticas recomendadas garante que os sistemas criados sejam funcionais, seguros e escaláveis, atendendo a demandas do mundo real com excelência.

CAPÍTULO 20. PREPARAÇÃO PARA ENTREVISTAS E CERTIFICAÇÕES

SQL é uma habilidade essencial no mercado de trabalho, e a proficiência em sua aplicação prática é frequentemente avaliada em entrevistas técnicas e certificações profissionais. Este capítulo aborda perguntas comuns em entrevistas, a estrutura das certificações SQL mais reconhecidas e apresenta simulados e dicas de estudo para ajudar você a se destacar em qualquer avaliação.

Perguntas Comuns de Entrevistas Técnicas

As entrevistas técnicas geralmente cobrem uma ampla gama de tópicos, desde conceitos básicos até consultas avançadas e otimização de desempenho. Abaixo estão categorias e exemplos de perguntas que você pode encontrar, juntamente com as explicações e soluções.

1. Conceitos Fundamentais

Pergunta: Qual é a diferença entre INNER JOIN, LEFT JOIN e RIGHT JOIN?

- **INNER JOIN**: Retorna apenas os registros que têm correspondência em ambas as tabelas.

- **LEFT JOIN**: Retorna todos os registros da tabela à esquerda e os registros correspondentes da tabela à direita. Quando não há correspondência, os valores da tabela da direita serão nulos.

- **RIGHT JOIN**: Funciona como o LEFT JOIN, mas retorna todos os registros da tabela à direita.

Consulta de exemplo:

sql

```
-- INNER JOIN: clientes que têm pedidos
SELECT c.name, o.order_id
FROM customers c
INNER JOIN orders o ON c.customer_id = o.customer_id;

-- LEFT JOIN: todos os clientes e seus pedidos (se existirem)
SELECT c.name, o.order_id
FROM customers c
LEFT JOIN orders o ON c.customer_id = o.customer_id;

-- RIGHT JOIN: todos os pedidos e os clientes associados (se
existirem)
SELECT c.name, o.order_id
FROM customers c
RIGHT JOIN orders o ON c.customer_id = o.customer_id;
```

2. Consultas Avançadas

Pergunta: Como encontrar o segundo maior salário em uma tabela de empregados?

Solução com LIMIT ou subconsulta:

sql

```
-- Usando LIMIT
SELECT DISTINCT salary
FROM employees
ORDER BY salary DESC
LIMIT 1 OFFSET 1;
```

```sql
-- Usando subconsulta
SELECT MAX(salary) AS second_highest_salary
FROM employees
WHERE salary < (SELECT MAX(salary) FROM employees);
```

3. Otimização de Consultas

Pergunta: Como melhorar o desempenho de uma consulta SQL?

- Certifique-se de que índices sejam usados nas colunas de filtros (WHERE ou JOIN).

- Evite o uso de funções em colunas indexadas, como LOWER(column).
- Use partições e compactação para grandes volumes de dados.

- Limite o número de registros retornados com LIMIT ou TOP.

Consulta otimizada:

sql

```sql
-- Com índice na coluna `last_name`
SELECT *
FROM employees
WHERE last_name = 'Smith';
```

4. Gerenciamento de Transações

Pergunta: O que é ACID no contexto de bancos de dados?

- **Atomicidade**: Garantia de que todas as partes de uma transação sejam concluídas ou nenhuma delas.

- **Consistência**: O banco de dados permanece em um estado válido antes e depois da transação.

- **Isolamento**: Transações simultâneas não interferem entre si.

- **Durabilidade**: Dados confirmados são armazenados permanentemente, mesmo em caso de falha do sistema.

Estrutura das Certificações SQL Mais Reconhecidas

As certificações SQL são oferecidas por empresas de tecnologia e instituições renomadas, validando habilidades práticas e teóricas. Aqui estão algumas das certificações mais reconhecidas, com suas estruturas.

1. Microsoft Certified: Azure Data Fundamentals

- **Foco:** Fundamentos de SQL e integração com serviços de nuvem da Microsoft.

- **Tópicos principais:**
  - Linguagem de consulta básica com T-SQL.
  - Criar e gerenciar tabelas no SQL Server.
  - Consultas analíticas com funções agregadas e janelas.

- **Estrutura do exame:**
  - Perguntas de múltipla escolha.
  - Simulações práticas.
  - Questões de arrastar e soltar.

Exemplo de questão prática:

sql

```
-- Criar uma tabela com restrição de chave primária
CREATE TABLE students (
    student_id INT PRIMARY KEY,
    name NVARCHAR(100),
    grade INT
);
```

2. Oracle Database SQL Certified Associate

- **Foco:** Competências básicas e avançadas em SQL com Oracle Database.

- **Tópicos principais:**
    - Manipulação de dados (DML e DDL).
    - Consultas avançadas com subconsultas e funções.
    - Gerenciamento de esquemas e controle de acesso.

- **Estrutura do exame:**
    - 75 perguntas de múltipla escolha.
    - Tempo: 120 minutos.
    - Pontuação mínima: 63%.

Exemplo de questão prática:

sql

```
-- Adicionar uma coluna a uma tabela existente
ALTER TABLE employees
```

ADD email VARCHAR(100);

3. Google Professional Data Engineer Certification

- **Foco:** Uso de SQL no contexto de Big Data e análise em plataformas Google.

- **Tópicos principais:**
  - Consultas com BigQuery.
  - Integração de dados geoespaciais.
  - Otimização de consultas para grandes volumes.

- **Estrutura do exame:**
  - Estudos de caso.
  - Perguntas de múltipla escolha.
  - Simulações.

Simulados e Dicas de Estudo

Preparar-se para entrevistas e certificações exige prática consistente e um estudo estratégico. Simulados baseados em questões reais ajudam a fortalecer habilidades e identificar áreas de melhoria.

Simulado de Certificação

Pergunta 1: Como criar uma consulta que retorne o número total de pedidos feitos por cada cliente?

Resposta:

sql

```
SELECT customer_id, COUNT(order_id) AS total_orders
FROM orders
GROUP BY customer_id;
```

Pergunta 2: Qual consulta retorna os 5 produtos mais vendidos?

Resposta:

sql

```
SELECT product_id, SUM(quantity) AS total_sold
FROM sales
GROUP BY product_id
ORDER BY total_sold DESC
LIMIT 5;
```

Pergunta 3: Como criar um índice na tabela products para a coluna price?

Resposta:

sql

```
CREATE INDEX idx_price ON products (price);
```

Dicas de Estudo

1. **Pratique diariamente:** Resolva exercícios envolvendo consultas básicas, intermediárias e avançadas.
2. **Simule cenários reais:** Trabalhe com conjuntos de dados realistas, como vendas, inventário ou registros de clientes.
3. **Estude conceitos fundamentais:** Certifique-se de entender bem transações, normalização e índices.

4. **Use bancos de dados populares:** Experimente MySQL, PostgreSQL e SQL Server para se familiarizar com diferentes implementações.
5. **Explore questões práticas:** Use plataformas como LeetCode e HackerRank para resolver problemas de SQL.

A preparação para entrevistas técnicas e certificações SQL exige um equilíbrio entre teoria e prática. Com o domínio dos conceitos fundamentais, a habilidade de resolver problemas complexos e a familiaridade com plataformas de exame, você estará bem posicionado para alcançar o sucesso. Siga os simulados e aplique as práticas recomendadas para se destacar em qualquer avaliação técnica.

CAPÍTULO 21. RESOLUÇÃO DE PROBLEMAS AVANÇADOS

Trabalhar com SQL em sistemas complexos exige habilidades para identificar, diagnosticar e corrigir erros de maneira eficiente. Além disso, o domínio de ferramentas de depuração e práticas de melhorias contínuas garante que os sistemas de dados operem com alto desempenho e confiabilidade. Este capítulo aborda estratégias para resolver problemas avançados, apresenta ferramentas de depuração e oferece exemplos práticos que desafiam o entendimento e estimulam a aplicação de conhecimentos avançados.

Abordagem a Erros Complexos e Diagnósticos

Erros complexos em SQL geralmente envolvem desempenho inadequado, resultados inesperados ou falhas em transações críticas. Uma abordagem sistemática para diagnosticar e corrigir esses problemas é essencial para garantir a integridade dos dados e a eficiência das operações.

Etapas para Diagnóstico de Erros

1. **Identificar o Sintoma**
   - Determinar se o problema é funcional (resultado incorreto ou ausente) ou de desempenho (consulta lenta).
   - Observar mensagens de erro específicas, como "syntax error" ou "deadlock detected".
2. **Reproduzir o Problema**
   - Isolar a consulta ou operação que causa o erro.

- o   Usar dados de teste representativos para replicar o problema.
3. **Analisar o Contexto**
- o   Examinar os esquemas de tabelas, índices existentes e tamanhos de dados.
- o   Revisar o plano de execução da consulta para entender como o banco de dados processa a consulta.
4. **Aplicar Correções Incrementais**
- o   Testar alterações em partes específicas da consulta ou configuração do banco de dados.
- o   Monitorar o impacto de cada mudança.

Erros Comuns e Soluções

Erro 1: Resultados Duplicados em Consultas

Resultados duplicados podem ocorrer quando uma consulta JOIN combina registros de maneira inadequada.

Consulta inicial com duplicatas:

sql

```
SELECT c.name, o.order_id
FROM customers c
JOIN orders o ON c.customer_id = o.customer_id;
```

Correção usando DISTINCT ou revisando a relação:

sql

```
SELECT DISTINCT c.name, o.order_id
FROM customers c
JOIN orders o ON c.customer_id = o.customer_id;
```

Verificar se há registros duplicados na tabela original:

sql

```sql
SELECT customer_id, COUNT(*)
FROM customers
GROUP BY customer_id
HAVING COUNT(*) > 1;
```

Erro 2: Consultas Lentamente Executadas

Consultas lentas geralmente são causadas por falta de índices ou por operações em grandes volumes de dados.

Diagnosticar o problema com o plano de execução:

sql

```sql
EXPLAIN SELECT * FROM orders WHERE order_date > '2024-01-01';
```

Correção ao adicionar índices:

sql

```sql
CREATE INDEX idx_order_date ON orders (order_date);
```

Erro 3: Deadlocks em Transações

Deadlocks ocorrem quando duas ou mais transações bloqueiam mutuamente os recursos necessários.

Evitar deadlocks definindo uma ordem consistente de operações:

sql

```sql
BEGIN TRANSACTION;

UPDATE accounts SET balance = balance - 100 WHERE account_id = 1;
UPDATE accounts SET balance = balance + 100 WHERE account_id = 2;
```

COMMIT;

Diagnosticar deadlocks com logs do banco de dados e revisando as dependências de transações.

Ferramentas para Depuração e Melhorias Contínuas

Várias ferramentas e práticas ajudam a identificar e corrigir problemas em consultas SQL. Elas vão desde o uso de recursos nativos dos bancos de dados até ferramentas externas que monitoram e analisam o desempenho.

Planos de Execução

Os planos de execução detalham como o banco de dados processa uma consulta, indicando o uso de índices, junções e varreduras de tabela.

Visualizar o plano de execução no PostgreSQL:

sql

```
EXPLAIN ANALYZE
SELECT product_id, SUM(quantity)
FROM sales
WHERE sale_date > '2024-01-01'
GROUP BY product_id;
```

No MySQL, usar EXPLAIN para identificar gargalos:

sql

```
EXPLAIN SELECT * FROM orders WHERE customer_id = 5;
```

Monitoramento de Desempenho

PostgreSQL: Ferramentas como pg_stat_statements ajudam a rastrear consultas de alta carga.

Habilitar o módulo e visualizar consultas lentas:

sql

```
CREATE EXTENSION pg_stat_statements;

SELECT query, total_exec_time, calls
FROM pg_stat_statements
ORDER BY total_exec_time DESC
LIMIT 5;
```

MySQL: O Performance Schema fornece insights sobre consultas e bloqueios.

Habilitar o Performance Schema e monitorar consultas:

sql

```
SHOW VARIABLES LIKE 'performance_schema';
SELECT * FROM
performance_schema.events_statements_summary_by_digest
ORDER BY SUM_TIMER_WAIT DESC LIMIT 5;
```

Ferramentas Externas

1. **pgAdmin**: Interface gráfica para PostgreSQL que facilita a análise de consultas e monitoramento.
2. **DBeaver**: Ferramenta de banco de dados universal que oferece suporte para visualização de planos de execução e edição de consultas.
3. **DataGrip**: IDE poderosa com recursos de depuração e análise para vários bancos de dados.

Exemplos para Prática

1. Identificar o Top 3 de Produtos Mais Vendidos por Categoria

A consulta combina subconsultas e funções de classificação.

sql

```
SELECT category, product_id, total_sales
FROM (
    SELECT category, product_id, SUM(quantity) AS total_sales,
        RANK() OVER (PARTITION BY category ORDER BY
SUM(quantity) DESC) AS rank
    FROM sales
    GROUP BY category, product_id
) ranked
WHERE rank <= 3;
```

2. Encontrar a Última Compra de Cada Cliente

Essa consulta utiliza WINDOW FUNCTIONS para identificar o último pedido por cliente.

sql

```
SELECT customer_id, order_id, order_date
FROM (
    SELECT customer_id, order_id, order_date,
        ROW_NUMBER() OVER (PARTITION BY customer_id
ORDER BY order_date DESC) AS row_num
    FROM orders
) ranked
```

```sql
WHERE row_num = 1;
```

3. Analisar Movimentações de Estoque com Dados Agregados

Calcular o estoque inicial, entradas, saídas e saldo final para cada produto.

sql

```sql
SELECT product_id,
    SUM(CASE WHEN movement_type = 'In' THEN quantity
ELSE 0 END) AS total_in,
    SUM(CASE WHEN movement_type = 'Out' THEN quantity
ELSE 0 END) AS total_out,
    (SUM(CASE WHEN movement_type = 'In' THEN quantity
ELSE 0 END) -
    SUM(CASE WHEN movement_type = 'Out' THEN quantity
ELSE 0 END)) AS current_stock
FROM inventory_movements
GROUP BY product_id;
```

4. Detectar Anomalias em Transações

Identificar transações que diferem em mais de 50% da média do cliente.

sql

```sql
WITH avg_transaction AS (
    SELECT customer_id, AVG(amount) AS avg_amount
    FROM transactions
    GROUP BY customer_id
)
SELECT t.customer_id, t.transaction_id, t.amount,
a.avg_amount
FROM transactions t
```

```
JOIN avg_transaction a ON t.customer_id = a.customer_id
WHERE ABS(t.amount - a.avg_amount) > a.avg_amount * 0.5;
```

Práticas de Melhoria Contínua

1. **Automatizar Testes de Consultas**
   o   Validar a precisão e o desempenho das consultas em cenários simulados.
   o   Criar scripts que executem consultas e comparem os resultados com valores esperados.
2. **Documentar Erros e Soluções**
   o   Registrar problemas comuns e as etapas para resolvê-los em um manual de referência.
3. **Monitorar e Revisar Regularmente**
   o   Implementar alertas para identificar consultas de alto impacto.
   o   Revisar periodicamente índices e esquemas para garantir eficiência.
4. **Manter o Banco de Dados Atualizado**
   o   Atualizar versões do banco para aproveitar melhorias de desempenho e segurança.

A resolução de problemas avançados com SQL exige uma combinação de habilidades técnicas, ferramentas apropriadas e práticas eficazes. Compreender o comportamento do banco de dados, diagnosticar problemas e aplicar soluções otimizadas permite que sistemas complexos funcionem de maneira eficiente e confiável. A prática constante, aliada ao uso de ferramentas modernas, torna você apto a enfrentar qualquer desafio relacionado ao gerenciamento de dados.

CAPÍTULO 22. AUTOMATIZANDO PROCESSOS COM SQL

A automação de processos com SQL é uma prática fundamental para otimizar fluxos de trabalho, melhorar a eficiência e reduzir a probabilidade de erros humanos em tarefas repetitivas. Integrações de SQL com pipelines de dados e ferramentas modernas, como Apache Airflow e DBT (Data Build Tool), permitem gerenciar grandes volumes de dados e executar processos complexos de forma sistemática e escalável. Este capítulo explora como implementar automações usando SQL, detalhando estratégias e exemplos práticos com ferramentas amplamente utilizadas na indústria.

Integração de SQL com Pipelines de Dados Automatizados

Pipelines de dados são sequências de etapas automatizadas que extraem, transformam e carregam (ETL) dados de diferentes fontes para um destino específico, como um data warehouse. SQL é uma linguagem central no gerenciamento e manipulação de dados dentro desses pipelines.

Arquitetura de Pipelines Automatizados

Um pipeline típico consiste em:

1. **Fonte de dados:** Bases de dados relacionais, APIs, arquivos CSV ou sistemas de armazenamento distribuído.
2. **Transformação:** Limpeza, agregação e transformação de dados usando SQL ou scripts personalizados.

APRENDA SQL - EDIÇÃO 2025

3. **Carga:** Inserção dos dados processados em um data warehouse, como BigQuery, Snowflake ou Redshift.

Exemplo de pipeline ETL simples com SQL:

- **Extração:** Carregar dados de uma tabela fonte.

- **Transformação:** Normalizar valores e calcular métricas.

- **Carga:** Inserir os resultados em uma tabela de destino.

sql

```sql
-- Extração
CREATE TEMP TABLE temp_sales AS
SELECT *
FROM raw_sales_data;

-- Transformação
INSERT INTO transformed_sales
SELECT
    product_id,
    customer_id,
    sale_date,
    ROUND(total_amount, 2) AS total_amount,
    CASE
        WHEN total_amount > 1000 THEN 'High'
        ELSE 'Low'
    END AS customer_segment
FROM temp_sales;

-- Carga
INSERT INTO final_sales
SELECT * FROM transformed_sales;
```

Benefícios da Automação de Pipelines

- **Consistência:** Processos automatizados garantem que as mesmas etapas sejam executadas de forma padronizada.

- **Eficiência:** Reduz o tempo necessário para processar grandes volumes de dados.

- **Escalabilidade:** Facilita o aumento da carga de trabalho sem necessidade de intervenção manual.

- **Monitoramento:** Ferramentas modernas oferecem visibilidade e alertas em caso de falhas no pipeline.

Exemplos Práticos com Ferramentas Modernas

Apache Airflow:

Apache Airflow é uma plataforma de orquestração de workflows que permite agendar e monitorar pipelines de dados. Ele usa DAGs (Directed Acyclic Graphs) para definir a sequência de tarefas.

Implementação de um DAG para um pipeline SQL

1. Criar uma tabela de log para armazenar o histórico de execuções:

sql

```sql
CREATE TABLE pipeline_logs (
    run_id SERIAL PRIMARY KEY,
    task_name VARCHAR(100),
    status VARCHAR(20),
    execution_date TIMESTAMP DEFAULT
CURRENT_TIMESTAMP
```

```
);
```

2. Definir o DAG no Airflow:

python

```python
from airflow import DAG
from airflow.operators.postgres_operator import
PostgresOperator
from datetime import datetime

default_args = {
    'owner': 'data_engineer',
    'start_date': datetime(2024, 1, 1),
    'retries': 1
}

with DAG('etl_pipeline', default_args=default_args,
schedule_interval='@daily') as dag:

    extract_data = PostgresOperator(
        task_id='extract_data',
        postgres_conn_id='postgres_default',
        sql="""
        INSERT INTO extracted_data
        SELECT * FROM source_table WHERE load_date = '{{ ds }}';
        """
    )

    transform_data = PostgresOperator(
        task_id='transform_data',
        postgres_conn_id='postgres_default',
        sql="""
        INSERT INTO transformed_data
        SELECT id, UPPER(name) AS name, amount * 1.2 AS
updated_amount
        FROM extracted_data;
```

```
    """
)

load_data = PostgresOperator(
    task_id='load_data',
    postgres_conn_id='postgres_default',
    sql="""
    INSERT INTO final_table SELECT * FROM
transformed_data;
    """
)

extract_data >> transform_data >> load_data
```

3. Executar e monitorar o DAG pelo painel do Airflow.

DBT (Data Build Tool):

DBT é uma ferramenta que automatiza a transformação de dados em data warehouses usando SQL. Ele permite criar modelos de dados reutilizáveis e padronizados.

Configuração Básica com DBT

1. Definir um modelo SQL para transformação:

Arquivo models/sales_transformation.sql:

sql

```sql
WITH cleaned_data AS (
    SELECT
        product_id,
        customer_id,
        sale_date,
        ROUND(total_amount, 2) AS total_amount
    FROM raw_sales_data
    WHERE total_amount IS NOT NULL
```

```
),
segmented_data AS (
    SELECT
        product_id,
        customer_id,
        sale_date,
        total_amount,
        CASE
            WHEN total_amount > 1000 THEN 'High'
            ELSE 'Low'
        END AS customer_segment
    FROM cleaned_data
)
SELECT * FROM segmented_data;
```

2. Configurar o DBT para executar o modelo:

Arquivo dbt_project.yml:

yaml

```
name: sales_pipeline
version: 1.0
models:
  sales_pipeline:
    materialized: table
```

3. Executar o modelo e criar a tabela transformada:

bash

```
dbt run --select sales_transformation
```

Casos Práticos de Automação com SQL

Automação de Relatórios Diários

Um banco de dados armazena transações financeiras que devem

ser agregadas diariamente para relatórios.

Pipeline automatizado:

1. **Extração:** Recuperar transações do dia anterior.
2. **Transformação:** Calcular totais por categoria.
3. **Carga:** Inserir os resultados em uma tabela de relatórios.

Consulta SQL:

sql

```sql
-- Extração
CREATE TEMP TABLE daily_transactions AS
SELECT * FROM transactions WHERE transaction_date =
CURRENT_DATE - 1;

-- Transformação
INSERT INTO daily_reports
SELECT
    category,
    COUNT(*) AS transaction_count,
    SUM(amount) AS total_amount,
    AVG(amount) AS avg_amount
FROM daily_transactions
GROUP BY category;

-- Carga
INSERT INTO reports_archive SELECT * FROM daily_reports;
```

Atualização Automática de Tabelas de Cache

Em sistemas que exigem desempenho em tempo real, tabelas de cache são usadas para armazenar dados frequentemente acessados.

Script de atualização automatizada:

sql

```
DELETE FROM cache_table;

INSERT INTO cache_table
SELECT
    id,
    name,
    COUNT(*) AS visit_count
FROM user_activity
GROUP BY id, name;
```

Esse processo pode ser programado para ser executado diariamente por ferramentas como cron jobs ou Airflow.

Monitoramento de Falhas em Pipelines

Para identificar falhas em um pipeline SQL, criar uma tabela de logs:

sql

```
CREATE TABLE pipeline_failure_logs (
    id SERIAL PRIMARY KEY,
    task_name VARCHAR(100),
    error_message TEXT,
    failure_time TIMESTAMP DEFAULT CURRENT_TIMESTAMP
);
```

Automatizar o registro de falhas:

sql

```
BEGIN;
    -- Etapa de transformação
    INSERT INTO transformed_data
    SELECT * FROM raw_data;
EXCEPTION
    WHEN OTHERS THEN
```

```
        INSERT INTO pipeline_failure_logs (task_name,
error_message)
        VALUES ('Transformation Step', SQLERRM);
END;
```

Práticas Recomendadas para Automação com SQL

1. **Centralizar Configurações:** Gerencie credenciais, caminhos e configurações de tarefas em arquivos dedicados para facilitar manutenções e reutilização.
2. **Testar Regularmente:** Simule cenários de falhas para validar a robustez dos pipelines.
3. **Implementar Logs:** Registre eventos de execução para monitorar e depurar tarefas automatizadas.
4. **Usar Materializações Inteligentes:** Em ferramentas como DBT, escolha entre tabelas, views ou incrementais com base no volume de dados e frequência de execução.

Automatizar processos com SQL transforma operações manuais e demoradas em fluxos eficientes, confiáveis e escaláveis. Ferramentas modernas, como Airflow e DBT, complementam a flexibilidade do SQL, proporcionando maior controle e visibilidade nos pipelines de dados. A prática e aplicação desses conceitos em cenários do mundo real capacitam você a criar soluções robustas para desafios de dados em larga escala.

CAPÍTULO 23. INOVAÇÃO E FUTURO DO SQL

O SQL, como linguagem padrão para o gerenciamento e manipulação de dados, tem evoluído constantemente para atender às necessidades do mundo moderno. Com a ascensão de novas tecnologias, como inteligência artificial (IA) e machine learning (ML), o SQL está sendo adaptado para oferecer suporte a funcionalidades mais complexas e inovadoras. Este capítulo explora as novas funcionalidades no SQL, os impactos da IA e ML no gerenciamento de dados e como essas mudanças moldam o futuro dessa linguagem essencial.

Novas Funcionalidades no SQL

As inovações recentes no SQL foram projetadas para atender a desafios como o crescimento exponencial dos dados, a necessidade de análises mais sofisticadas e a integração com tecnologias emergentes. As novas funcionalidades refletem a adaptação do SQL para cenários modernos.

1. Consultas Recursivas e Hierárquicas

As consultas recursivas permitem navegar em dados hierárquicos, como estruturas organizacionais ou gráficos de redes. Isso é especialmente útil em bancos de dados com relações parent-child.

Exemplo: Representação de uma hierarquia organizacional:

Tabela:

sql

```
CREATE TABLE employees (
    employee_id INT PRIMARY KEY,
    name VARCHAR(100),
    manager_id INT
);
```

Consulta para exibir a hierarquia completa de um gerente:

sql

```
WITH RECURSIVE hierarchy AS (
    SELECT employee_id, name, manager_id
    FROM employees
    WHERE manager_id IS NULL -- Selecionar o CEO

    UNION ALL

    SELECT e.employee_id, e.name, e.manager_id
    FROM employees e
    INNER JOIN hierarchy h ON e.manager_id = h.employee_id
)
SELECT * FROM hierarchy;
```

Essa funcionalidade já é amplamente suportada por bancos como PostgreSQL, SQL Server e MySQL.

2. Funções Analíticas e de Janelas Avançadas

Funções de janelas, como RANK, LAG, LEAD e agregações cumulativas, oferecem mais controle sobre análises complexas.

Rastrear a posição de vendas mensais de cada produto

sql

```
SELECT
    product_id,
```

```
sale_month,
SUM(sale_amount) AS total_sales,
RANK() OVER (PARTITION BY sale_month ORDER BY
SUM(sale_amount) DESC) AS rank
FROM sales
GROUP BY product_id, sale_month;
```

As funções permitem análises detalhadas sem a necessidade de criar subconsultas complexas.

3. Suporte a Dados Geoespaciais

Com o aumento das aplicações baseadas em localização, o SQL tem incorporado suporte a tipos de dados e funções geoespaciais.

Encontrar lojas próximas de uma coordenada específica:

sql

```
SELECT store_name, ST_Distance(location,
ST_MakePoint(-73.9857, 40.7484)) AS distance
FROM stores
WHERE ST_DWithin(location, ST_MakePoint(-73.9857,
40.7484), 5000) -- Raio de 5 km
ORDER BY distance;
```

Os avanços em funções geoespaciais ajudam a resolver problemas relacionados a mapas, rotas e análises de proximidade.

4. Integração com Big Data

Com o advento de tecnologias de Big Data, o SQL se adaptou para operar em plataformas como Apache Hive, Google BigQuery e Amazon Redshift. Essas plataformas oferecem suporte a consultas distribuídas, que processam petabytes de dados em tempo real.

Consultas otimizadas com BigQuery:

sql

```sql
SELECT category, AVG(sale_amount) AS avg_sales
FROM `project_id.dataset.sales`
WHERE sale_date >= DATE_SUB(CURRENT_DATE(), INTERVAL 1
YEAR)
GROUP BY category
ORDER BY avg_sales DESC;
```

5. Suporte a JSON e Dados Não Estruturados

Com a popularidade dos bancos de dados NoSQL, o SQL incorporou suporte a tipos de dados como JSON, permitindo a manipulação de dados semiestruturados.

Consultar dados JSON em PostgreSQL:

sql

```sql
SELECT customer_id, json_data->>'email' AS email
FROM orders
WHERE json_data->>'status' = 'shipped';
```

Impactos da Inteligência Artificial e Machine Learning no SQL

A integração da inteligência artificial e do machine learning com SQL está revolucionando a forma como os dados são gerenciados, analisados e utilizados para decisões estratégicas. Bancos de dados modernos estão incorporando funcionalidades de IA para automação, previsões e otimização de consultas.

1. Integração com Modelos de Machine Learning

Plataformas como BigQuery ML e Amazon Redshift ML permitem que os usuários treinem e implementem modelos de ML diretamente em SQL.

Criar e usar um modelo de regressão linear em BigQuery ML:

sql

```sql
-- Criar o modelo
CREATE MODEL `project_id.dataset.sales_prediction`
OPTIONS(model_type='linear_reg') AS
SELECT
    product_id,
    sale_month,
    total_sales
FROM dataset.sales_data;

-- Fazer previsões
SELECT product_id, predicted_total_sales
FROM ML.PREDICT(MODEL
`project_id.dataset.sales_prediction`,
            (SELECT product_id, sale_month FROM
dataset.future_sales));
```

2. Otimização Automatizada de Consultas

Os bancos de dados estão utilizando algoritmos de aprendizado de máquina para otimizar planos de execução e prever padrões de consulta.

No SQL Server, o recurso de Query Store identifica consultas de baixo desempenho e sugere índices ou reescreve automaticamente os planos de execução.

3. Análise Preditiva com SQL

Além de treinar modelos, o SQL é usado para análises preditivas, combinando dados históricos com algoritmos de previsão.

Prever tendências de vendas mensais:

sql

```
WITH historical_sales AS (
    SELECT
        DATE_TRUNC('month', sale_date) AS sale_month,
        SUM(sale_amount) AS total_sales
    FROM sales
    GROUP BY sale_month
),
forecast AS (
    SELECT
        sale_month,
        total_sales,
        LAG(total_sales) OVER (ORDER BY sale_month) AS
previous_sales,
        LEAD(total_sales) OVER (ORDER BY sale_month) AS
next_sales
    FROM historical_sales
)
SELECT sale_month,
        total_sales,
        (total_sales + COALESCE(next_sales, total_sales)) / 2 AS
predicted_sales
FROM forecast;
```

4. Automação de Insights com IA

Ferramentas como Tableau e Power BI estão integrando modelos de IA que sugerem insights automaticamente a partir de consultas SQL.

Por exemplo, em uma análise de vendas, a ferramenta pode identificar automaticamente picos de vendas ou produtos que estão sub-representados em determinados mercados.

O Futuro do SQL

Com o crescimento contínuo de dados e o avanço das tecnologias, o SQL continuará evoluindo para atender às demandas futuras. Algumas tendências e inovações esperadas incluem:

1. Suporte Expansivo a Dados Não Estruturados

O SQL está ampliando sua capacidade de lidar com vídeos, imagens e grandes volumes de texto. Bancos de dados híbridos que combinam SQL com processamento de dados não estruturados serão cada vez mais comuns.

2. Maior Integração com Inteligência Artificial

O SQL será cada vez mais usado para criar pipelines de dados automatizados que alimentam modelos de IA. Bancos de dados poderão executar inferências diretamente sobre dados armazenados, eliminando a necessidade de exportação para outras plataformas.

3. Consultas em Linguagem Natural

A interação entre SQL e NLP (Processamento de Linguagem Natural) possibilitará que usuários façam consultas usando linguagem comum. Por exemplo:

text

"Quais foram as vendas totais do último trimestre por região?"

Será traduzido para:

sql

```
SELECT region, SUM(sale_amount) AS total_sales
FROM sales
WHERE sale_date >= DATE_SUB(CURRENT_DATE(), INTERVAL 3
MONTH)
GROUP BY region;
```

4. Adoção Ampliada de SQL em Edge Computing

Com a expansão do edge computing, o SQL será usado em dispositivos próximos à origem dos dados, como sensores IoT, para processar dados localmente antes de transferi-los para a nuvem.

5. Automação Total de Pipelines com SQL

Ferramentas futuras permitirão que pipelines completos, desde a ingestão até a análise e geração de insights, sejam escritos e mantidos exclusivamente em SQL, simplificando ainda mais o processo.

O SQL está em constante evolução para se adaptar às mudanças tecnológicas e às necessidades do mercado. Com novas funcionalidades, maior integração com IA e ML e a incorporação de dados não estruturados, o SQL continua sendo uma ferramenta indispensável no gerenciamento de dados. Ao entender essas inovações e tendências, você estará preparado para aproveitar ao máximo o potencial do SQL no futuro.

CAPÍTULO 24. REFLEXÕES E TENDÊNCIAS GLOBAIS

O SQL é mais do que uma linguagem de manipulação de dados; é a base sobre a qual muitas das infraestruturas modernas são construídas. Sua evolução ao longo dos anos reflete as mudanças tecnológicas, sociais e econômicas que moldaram o mundo. Este capítulo aborda a evolução do SQL em um mundo cada vez mais conectado, com foco nos estudos sobre seu impacto na tecnologia e nos negócios, além de explorar tendências globais que moldarão o futuro.

A Evolução do SQL em um Mundo

Conectado Origem e Ascensão

Criado na década de 1970, o SQL começou como uma solução para manipular dados relacionais. A simplicidade da sintaxe, aliada à sua capacidade de executar operações complexas, tornou o SQL rapidamente a linguagem padrão para bancos de dados. Ele desempenhou um papel crucial na transformação digital ao longo das décadas.

SQL na Era da Conectividade

Com a explosão da internet e o surgimento de tecnologias conectadas, como dispositivos IoT e redes sociais, o SQL evoluiu para atender a uma escala sem precedentes. Bancos de dados relacionais, como MySQL, PostgreSQL e SQL Server, adotaram novas funcionalidades para suportar dados não estruturados e consultas distribuídas.

Exemplo de suporte a dados em tempo real:

Plataformas modernas como Snowflake e BigQuery permitem consultas SQL em grandes volumes de dados gerados por milhões de dispositivos conectados:

sql

```
SELECT device_id, AVG(temperature) AS avg_temp
FROM iot_data
WHERE event_time >= CURRENT_DATE - INTERVAL 1 DAY
GROUP BY device_id;
```

A capacidade de processar dados em tempo real é vital para monitorar redes complexas, como cidades inteligentes ou plataformas de streaming.

Impacto do SQL em Plataformas Globais

As maiores empresas do mundo dependem do SQL para gerenciar operações críticas. Serviços como e-commerce, sistemas bancários, redes sociais e logística baseiam-se em bancos de dados relacionais para fornecer consistência, confiabilidade e escalabilidade.

Integração com Big Data e Analytics

Com o crescimento exponencial dos dados, o SQL tornou-se um pilar nos ecossistemas de Big Data. Integrações com plataformas como Apache Spark e Hadoop estendem a funcionalidade do SQL, permitindo análises em grandes volumes de dados armazenados em clusters distribuídos.

Consulta em Hive para dados distribuídos:

sql

```
SELECT region, SUM(sales_amount) AS total_sales
FROM sales_data
```

```
WHERE year = 2023
GROUP BY region
ORDER BY total_sales DESC;
```

Estudos sobre o Impacto do SQL em Tecnologia

1. Facilitador da Transformação Digital

O SQL desempenhou um papel central na digitalização de setores tradicionais, como saúde, manufatura e serviços financeiros. Ele tornou o acesso a dados mais eficiente e contribuiu para a adoção de tecnologias de automação e inteligência artificial.

Exemplo na Saúde:

Hospitais utilizam SQL para integrar registros médicos eletrônicos (EMRs), permitindo análises preditivas para tratamentos personalizados:

sql

```
SELECT patient_id, AVG(blood_pressure) AS avg_bp
FROM medical_records
WHERE record_date >= CURRENT_DATE - INTERVAL 30 DAY
GROUP BY patient_id;
```

Tal modelo de análise melhora os cuidados ao paciente e reduz custos operacionais.

2. Base para a Exploração de Dados

Com o aumento da demanda por análises de dados, o SQL se tornou a linguagem preferida para cientistas e analistas de dados, graças à sua integração com ferramentas modernas como Tableau, Power BI e Python.

Consulta SQL para relatórios dinâmicos:

sql

```
SELECT product_category, SUM(sales) AS total_sales,
COUNT(order_id) AS total_orders
FROM sales_data
GROUP BY product_category
ORDER BY total_sales DESC;
```

O SQL não apenas permite extrair insights rapidamente, mas também é usado para preparar dados para visualização em dashboards interativos.

3. Suporte a Decisões Estratégicas

Organizações globais utilizam SQL para prever tendências e otimizar operações. Por exemplo, empresas de transporte analisam dados históricos para ajustar rotas e melhorar a eficiência logística.

Exemplo de análise logística:

sql

```
SELECT route_id, AVG(delivery_time) AS avg_delivery_time
FROM delivery_data
WHERE delivery_date >= CURRENT_DATE - INTERVAL 90 DAY
GROUP BY route_id
ORDER BY avg_delivery_time ASC;
```

As análises ajudam a identificar gargalos e priorizar melhorias.

Impacto do SQL nos Negócios

1. Redução de Custos e Tempo

A automação de processos com SQL permite reduzir custos operacionais e acelerar decisões. Processos que antes exigiam horas de cálculos manuais podem ser executados em segundos com uma única consulta.

Automação de relatórios financeiros:

sql

```
SELECT department, SUM(expense) AS total_expense
FROM financial_data
WHERE expense_date BETWEEN '2024-01-01' AND
'2024-12-31'
GROUP BY department;
```

2. Expansão de Mercados

O SQL permitiu que empresas analisassem mercados globais com mais precisão, explorando dados de vendas, tendências regionais e preferências do consumidor.

Exemplo de análise de mercado:

sql

```
SELECT region, product, SUM(sales) AS total_sales
FROM global_sales
GROUP BY region, product
ORDER BY region, total_sales DESC;
```

A abordagem descrita, ajuda a identificar oportunidades de expansão e alinhar estratégias regionais.

3. Apoio à Inovação

O SQL é a base de novas tecnologias, como data

warehouses modernos e sistemas de recomendação baseados em aprendizado de máquina. Empresas usam SQL para treinar modelos preditivos diretamente nos dados armazenados.

Treinamento de modelos com BigQuery ML:

sql

```
CREATE MODEL sales_forecast_model
OPTIONS(model_type='linear_reg') AS
SELECT year, month, total_sales
FROM monthly_sales;
```

Tendências Globais no Uso de SQL

1. Ampliação da Convergência SQL e NoSQL

O SQL está se integrando a bancos de dados NoSQL, como MongoDB e Cassandra, para oferecer o melhor de ambos os mundos: a flexibilidade do NoSQL com a familiaridade e o poder do SQL.

Consulta SQL em um banco MongoDB:

sql

```
SELECT customer_id, COUNT(order_id) AS order_count
FROM orders
WHERE order_date >= '2024-01-01'
GROUP BY customer_id;
```

2. Evolução em Computação em Nuvem

Bancos de dados na nuvem estão redefinindo a forma como o SQL é usado. Plataformas como AWS RDS, Azure SQL Database e Google BigQuery oferecem escalabilidade e desempenho sem precedentes.

Consulta otimizada na nuvem:

sql

```
SELECT user_id, COUNT(action) AS actions_performed
FROM user_activity
WHERE event_date >= CURRENT_DATE - INTERVAL 7 DAY
GROUP BY user_id
ORDER BY actions_performed DESC;
```

3. Democratização do SQL

Ferramentas baseadas em SQL estão tornando a análise de dados acessível a não especialistas. Interfaces de consulta intuitivas e treinamento em larga escala ajudam a integrar SQL em todos os níveis organizacionais.

Reflexões Finais

O SQL desempenha um papel essencial na construção de um mundo cada vez mais conectado. Ele transcende as fronteiras da tecnologia, impulsionando a inovação, transformando indústrias e capacitando negócios a tomar decisões estratégicas com base em dados. As tendências emergentes garantem que o SQL continuará evoluindo para enfrentar os desafios de amanhã, mantendo-se como uma linguagem indispensável no gerenciamento de informações globais.

CAPÍTULO 25. DICAS E ESTRATÉGIAS PARA DOMINAR SQL

Dominar SQL é uma jornada contínua que combina aprendizado teórico, prática regular e aplicação no mundo real. Esta linguagem, essencial no gerenciamento de dados, exige atenção aos detalhes, compreensão das nuances e adaptação às tendências tecnológicas em constante evolução. Este capítulo apresenta dicas e estratégias para aprofundamento, recursos de aprendizado práticos e uma visão orientada ao crescimento na carreira, sem indicar obras externas, para garantir foco exclusivo no desenvolvimento técnico.

Sugestões para Aprofundamento Contínuo

O domínio de SQL vai além de simplesmente executar consultas básicas. Ele envolve o entendimento das melhores práticas, otimização de desempenho e exploração de funcionalidades avançadas.

1. Pratique Regularmente

A prática constante é a base para o aprendizado de qualquer linguagem. Crie cenários realistas e resolva problemas variados para aprimorar suas habilidades. Use tabelas fictícias para criar consultas que reflitam situações do mundo real.

Criando um cenário de vendas para prática:

sql

```
CREATE TABLE sales (
    sale_id INT PRIMARY KEY,
    product_id INT,
```

```
    customer_id INT,
    sale_date DATE,
    total_amount DECIMAL(10, 2)
);

INSERT INTO sales (sale_id, product_id, customer_id, sale_date,
total_amount)
VALUES
(1, 101, 201, '2024-01-01', 250.00),
(2, 102, 202, '2024-01-02', 300.00),
(3, 103, 203, '2024-01-03', 150.00),
(4, 104, 201, '2024-01-04', 400.00),
(5, 105, 204, '2024-01-05', 500.00);
```

A partir dessa tabela, você pode criar consultas que respondam a perguntas como:

- Quais foram os clientes que gastaram mais de $300?

- Qual é o total de vendas por produto?

2. Explore Consultas Complexas

Desafie-se com consultas que combinam múltiplas funções e junções. O uso de funções de janela, CTEs (Common Table Expressions) e subconsultas aprimora suas habilidades.

Utilizando uma CTE para calcular vendas acumuladas:

sql

```
WITH sales_cte AS (
    SELECT
        sale_date,
        SUM(total_amount) OVER (ORDER BY sale_date) AS
cumulative_sales
    FROM sales
```

```
)
SELECT * FROM sales_cte;
```

3. Otimização de Consultas

A eficiência é um aspecto crítico em ambientes corporativos. Compreenda como índices, particionamento e estruturas de tabelas afetam o desempenho.

Criando um índice para melhorar consultas frequentes:

sql

```
CREATE INDEX idx_sale_date ON sales (sale_date);
```

Testar o impacto no desempenho com e sem índice ajuda a entender sua importância.

Recursos Recomendados e

Comunidades de Aprendizado

Aprender em comunidade e usar recursos disponíveis são estratégias valiosas para consolidar o conhecimento.

1. Utilize Bancos de Dados Gratuitos para Prática

Ferramentas e ambientes gratuitos, como PostgreSQL, MySQL ou SQLite, são perfeitos para praticar e experimentar.

Exemplo de configuração em PostgreSQL:

bash

```
# Iniciar o PostgreSQL
psql -U postgres

# Criar um banco de dados para prática
CREATE DATABASE sql_learning;
```

Trabalhar nesses ambientes simula o uso de SQL em cenários reais e oferece suporte a funcionalidades avançadas.

2. Participe de Comunidades Técnicas

Engajar-se em comunidades técnicas ajuda a trocar experiências, aprender novas práticas e resolver problemas complexos. Fóruns online, grupos de redes sociais e eventos presenciais ou virtuais são excelentes fontes de aprendizado.

Exercícios para engajamento em comunidade:

- Responder a perguntas técnicas em fóruns sobre SQL.

- Contribuir para soluções compartilhadas em plataformas colaborativas.

- Participar de desafios e hackathons relacionados a análise de dados.

3. Experimente Bancos de Dados em Nuvem

Os bancos de dados em nuvem são amplamente utilizados em projetos modernos. Trabalhar com plataformas como BigQuery ou Amazon RDS oferece experiência prática em manipulação de dados em larga escala.

Conectando-se a um banco de dados em nuvem:

bash

```
# Exemplo com Google BigQuery
bq query --use_legacy_sql=false \
'SELECT product_id, SUM(total_amount) AS total_sales
FROM `project.dataset.sales`
GROUP BY product_id;'
```

Aprender a trabalhar com ferramentas de nuvem aumenta sua

competitividade no mercado.

Visão Prática para Crescimento na Carreira

SQL não é apenas uma habilidade técnica; é uma ferramenta estratégica que pode abrir muitas portas em sua carreira. A aplicação prática, combinada com habilidades complementares, maximiza seu potencial no mercado de trabalho.

1. Especialize-se em Áreas de Alta Demanda

Certas áreas exigem conhecimento aprofundado de SQL e oferecem grande potencial de crescimento. Algumas delas incluem:

- **Engenharia de Dados:** Construção e manutenção de pipelines de dados.

- **Ciência de Dados:** Extração de dados para análises preditivas e insights estratégicos.

- **Administração de Bancos de Dados:** Gerenciamento de sistemas de banco de dados corporativos.

Consulta para análise de dados em ciência de dados:

sql

```
SELECT product_id,
    AVG(total_amount) AS avg_sales,
    COUNT(customer_id) AS customer_count
FROM sales
GROUP BY product_id;
```

2. Combine SQL com Outras Habilidades

Integrar SQL com outras tecnologias, como Python, R ou Power BI, expande sua capacidade de resolver problemas complexos e criar soluções inovadoras.

Exemplo de integração com Python para análise:

python

```python
import psycopg2

# Conectar ao banco de dados
conn = psycopg2.connect(
    host="localhost",
    database="sql_learning",
    user="user",
    password="password"
)

# Executar uma consulta SQL
cursor = conn.cursor()
cursor.execute("SELECT product_id, SUM(total_amount) FROM sales GROUP BY product_id;")
results = cursor.fetchall()

for row in results:
    print(row)
```

Tal integração é amplamente utilizada para criar pipelines de análise automatizados.

3. Desenvolva Soft Skills Relacionadas

Além das habilidades técnicas, competências como comunicação, trabalho em equipe e resolução de problemas são cruciais para o sucesso.

Exemplos de aplicação:

- Apresente insights baseados em consultas SQL para diferentes públicos.

- Trabalhe em colaboração com engenheiros de software e cientistas de dados para projetos integrados.

- Resolva problemas de desempenho de banco de dados com clareza e eficácia.

4. Planeje sua Progressão na Carreira

Defina objetivos claros para cada etapa de sua jornada profissional. Por exemplo:

- **Iniciante:** Dominar consultas básicas e compreender estruturas de banco de dados.

- **Intermediário:** Aplicar SQL em projetos reais e otimizar consultas.

- **Avançado:** Liderar iniciativas de engenharia de dados e implementar soluções de grande escala.

Estratégias para Superar Desafios Comuns

1. Resolver Problemas de Performance

Identificar consultas lentas e aplicar técnicas de otimização é essencial em cenários reais.

Diagnóstico de consultas lentas com EXPLAIN:

sql

```sql
EXPLAIN SELECT * FROM sales WHERE sale_date = '2024-01-01';
```

2. Garantir a Qualidade dos Dados

A integridade dos dados é fundamental para garantir resultados precisos.

Consulta para validar dados:

sql

```
SELECT * FROM sales WHERE total_amount < 0 OR
total_amount IS NULL;
```

Identifique e corrija inconsistências para melhorar a confiabilidade dos dados.

Dominar SQL é uma jornada contínua que requer prática, engajamento e a aplicação de estratégias inteligentes. Com as ferramentas e abordagens corretas, você pode transformar SQL em um diferencial competitivo e construir uma carreira sólida no mundo dos dados. O aprendizado constante e a aplicação prática garantem que você esteja sempre preparado para os desafios futuros.

CONCLUSÃO FINAL

Chegamos ao fim de uma jornada rica em aprendizado e prática, na qual exploramos os fundamentos e as aplicações mais avançadas do SQL. Este livro foi estruturado para oferecer uma abordagem abrangente, desde a introdução aos conceitos básicos até a utilização do SQL em cenários complexos do mundo real. Antes de encerrar, é importante refletir sobre os principais tópicos abordados e motivar você, leitor, a continuar explorando essa linguagem essencial em diversos contextos.

Breve Resumo de Cada Capítulo

Capítulo 1. A Linguagem do Gerenciamento de Dados

O SQL foi apresentado como a linguagem universal para gerenciar e manipular dados em bancos de dados relacionais. Você aprendeu sobre seu propósito, evolução histórica e relevância nos sistemas modernos, compreendendo como o SQL moldou o campo da tecnologia da informação.

Capítulo 2. Ambientes e Ferramentas para SQL

Exploramos os bancos de dados mais populares, como MySQL, PostgreSQL e SQL Server, e discutimos como configurar ambientes de prática em diversas plataformas. Este capítulo ajudou a criar uma base sólida para começar a executar consultas.

Capítulo 3. Conceitos Fundamentais de Bancos de Dados

Você descobriu o que são bancos de dados relacionais, tabelas, esquemas e relações. Também discutimos a normalização e a importância de evitar anomalias de dados para garantir um design eficiente e consistente.

Capítulo 4. Comandos Básicos do SQL

Os comandos essenciais – SELECT, INSERT, UPDATE e DELETE – foram explicados detalhadamente, com exercícios práticos para consolidar o aprendizado. Este capítulo proporcionou a base para trabalhar com dados.

Capítulo 5. Filtrando e Ordenando Dados

Aprendemos a usar WHERE para criar condições precisas, além de técnicas de ordenação e agrupamento com ORDER BY e GROUP BY. O uso de operadores lógicos e aritméticos foi introduzido para consultas mais refinadas.

Capítulo 6. Trabalhando com Múltiplas Tabelas

O conceito de junções foi detalhado, abordando INNER JOIN, LEFT JOIN e RIGHT JOIN. Você também praticou técnicas para integrar dados de várias tabelas de maneira eficiente e clara.

Capítulo 7. Estruturando Dados: Criação e Alteração

Introduzimos os comandos DDL (CREATE, ALTER e DROP) para criar e modificar estruturas de tabelas. Estratégias de design para escalabilidade foram abordadas para planejar bancos de dados robustos.

Capítulo 8. Funções de Agregação e Análise de Dados

Aprendemos a usar funções como SUM, AVG, MAX, MIN e COUNT para realizar operações avançadas de análise de dados, explorando aplicações práticas em relatórios e análises.

Capítulo 9. Transformação de Dados com Funções Avançadas

Manipulação de strings, datas e funções condicionais foram apresentadas como ferramentas para modelar e transformar dados em queries complexas.

Capítulo 10. Automatização com Stored Procedures e Triggers

Você aprendeu a criar procedimentos armazenados e gatilhos para automatizar tarefas em bancos de dados, reduzindo erros manuais e aumentando a eficiência.

Capítulo 11. Segurança e Controle de Acesso

O foco foi a proteção de bancos de dados contra acessos não autorizados. Aprendemos a gerenciar permissões e a implementar boas práticas de segurança.

Capítulo 12. Backup e Recuperação de Dados

Discussões sobre tipos de backups, estratégias de recuperação e demonstrações práticas com ferramentas populares ajudaram a garantir a integridade dos dados em situações críticas.

Capítulo 13. Otimizando Consultas para Melhor Desempenho

Exploramos técnicas para identificar gargalos e otimizar o desempenho de consultas, com o uso eficaz de índices e ferramentas de monitoramento.

Capítulo 14. SQL em Ambientes Multiplataforma

Aprendemos como o SQL é usado em aplicações web e móveis, com integração de APIs e frameworks como Django e Node.js, além de práticas recomendadas para desenvolvedores.

Capítulo 15. Dados Temporais e Históricos

Consultas em tabelas temporais e análise de dados históricos foram exploradas como técnicas essenciais para entender tendências e mudanças ao longo do tempo.

Capítulo 16. Processamento de Big Data com SQL

O SQL foi apresentado no contexto de Big Data, com plataformas como Hive e Spark SQL, discutindo diferenças e aplicações práticas para grandes volumes de dados.

Capítulo 17. Gerenciando Dados Geoespaciais

A manipulação de dados espaciais e geográficos foi introduzida, com exemplos de queries para mapas, localização e análise de proximidade.

Capítulo 18. Estudos de Caso: Resolvendo Problemas com SQL

Estudos de caso reais demonstraram como o SQL pode resolver problemas em setores como saúde, finanças e comércio, destacando práticas aplicáveis ao dia a dia.

Capítulo 19. Construindo Projetos do Mundo Real
Abordamos como criar sistemas completos de gerenciamento de dados, como uma aplicação de loja online e um sistema de inventário, com práticas detalhadas.

Capítulo 20. Preparação para Entrevistas e Certificações
Você explorou perguntas comuns de entrevistas, a estrutura de certificações SQL reconhecidas e simulados para ajudar no desenvolvimento de sua carreira.

Capítulo 21. Resolução de Problemas Avançados
Discussões sobre erros complexos e diagnósticos, ferramentas para depuração e exemplos práticos ajudaram a desenvolver habilidades avançadas.

Capítulo 22. Automatizando Processos com SQL
Integrar SQL com pipelines de dados automatizados e ferramentas como Airflow e DBT foi o foco, permitindo automatizar tarefas repetitivas e aumentar a eficiência.

Capítulo 23. Inovação e Futuro do SQL
Exploramos novas funcionalidades do SQL e o impacto da inteligência artificial e machine learning no gerenciamento de dados, destacando tendências globais.

Capítulo 24. Reflexões e Tendências Globais
O impacto do SQL em tecnologia e negócios foi analisado, com ênfase em sua evolução contínua e no papel crucial em um mundo cada vez mais conectado.

Capítulo 25. Dicas e Estratégias para Dominar SQL
Apresentamos estratégias para aprimoramento contínuo, comunidades de aprendizado e como o SQL pode ser usado para alavancar sua carreira.

Motivação para Continuar Explorando SQL

SQL é mais do que uma linguagem; é uma habilidade universal que conecta tecnologia, negócios e inovação. Sua aplicação vai muito além do gerenciamento de dados – ela é a chave para entender e transformar o mundo ao seu redor. Com SQL, você pode construir soluções eficientes, descobrir insights valiosos e abrir novas possibilidades para sua carreira.

Agora que você compreendeu os fundamentos e explorou práticas avançadas, o próximo passo é aplicar esses conhecimentos em projetos reais e continuar aprendendo. O SQL evolui com o tempo, e suas possibilidades são praticamente infinitas. Explore, experimente e crie – as ferramentas estão em suas mãos.

Agradecimento

Gostaria de expressar minha sincera gratidão por sua dedicação ao longo desta jornada. Escrever este livro foi uma missão inspiradora, mas é a sua leitura e empenho que dão sentido a este trabalho. Espero que cada página tenha sido uma fonte de aprendizado, motivação e inspiração para sua trajetória.

Desejo que você continue explorando o SQL com curiosidade e determinação, construindo um futuro brilhante e transformador. Muito obrigado por permitir que este livro fizesse parte da sua história. Sucesso sempre!

Cordialmente,
Diego Rodrigues e Equipe!